Home salon's way to start

好きを仕事にして長く愛される!

おうちサロンのはじめ方

磯部百香　著

ナツメ社

先輩経営者に聞く！

巻頭 Special

おうちサロン成功のヒケツ

おうちサロンを開業する前に、
実際におうちサロンを経営している
先輩たちの例を見てみましょう。
きっと、開業準備のヒントになるはずです。

Case 1

幸せな空気に包まれるサロン Aroma Cute《アロマキュート》

アロマシエスタセラピー Aroma Cute
神奈川県横浜市中区小港町1丁目
【OPEN】平日・土曜／10:00～18:00（最終受付）
※日・祝はスクールのみ対応
【URL】http://aromacute.com/top

オーナー
井 玲子さん

「無理」をあきらめないおうちサロン

がんばっている女性をアロマで応援したいという思いから生まれた、女性専用アロマサロン「アロマキュート」。オーナーの井さんは小学生のお子さんがいるママであり、転勤族の妻でもあります。「おうちサロンは無理じゃない？」と諦めてしまいそうな状況のなか、開業して5年、多くのお客様に愛され続けています。

もともと働くことが好きだという井さん。「この仕事を一生続ける！」という強い意志を家族にきちんと伝えたことで、応援してくれるようになったそうです。転勤族という環境については、「いつ転勤するかわからないからと開業を躊躇《ちゅうちょ》するのはもったいない！」と、前向きなご意見。リピーターをつくれるだけの〝強み〟をしっかりともつことができれば、新しい場所でも成功できるということを教えてくださいました。

レイアウトのポイント

狭さを感じさせない工夫

サロンスペースが5畳という、決して広くはない空間。テーブルは化粧台にもなるものを置き、カウンセリングとお直しのスペースをまとめました。家の各扉には目印となるステッカーを貼り、お客様が部屋を間違えないように配慮しています。

サロンスペースの向かいはプライベート空間。扉にステッカーを貼れば間違い防止に。お洒落な雰囲気もプラス

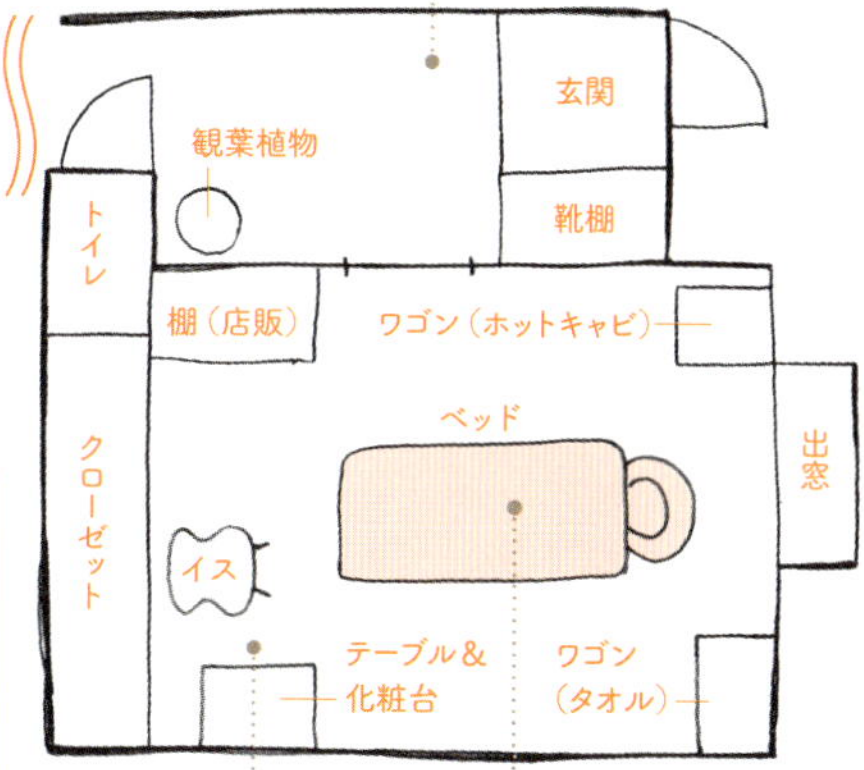

テーブルを開けると…！

お客様スペース。テーブルの上面を持ち上げると、メイクグッズと鏡が現れて、お直しのスペースに

スペースが限られているためベッドに布を敷いて精油ボックスを置き、お客様と一緒に選ぶスタイル

インテリアのポイント

お客様の心に響くインテリア

玄関には季節を感じさせる小物を置いています。サロンの入り口に観葉植物を置いて癒される雰囲気にしました。その日のお客様の名前を書いたウェルカムボードを添えてお迎えしています。サロンの壁に、友人のリース作家に作成を依頼した天然素材リースをかけて。

上／壁に飾られたリース。天然素材の色合いがやさしい雰囲気を醸し出している
右／入り口横の幸福の木。緑を置くことでさらにリラックス効果が。手書きのウェルカムボードも温かい印象

上／タオルは今治産のものを使用。使う部位によって色分けをしている
右／精油は60種類以上。お客様に最適なものを一緒に選び調合する

備品選びのポイント

アロマをじっくり楽しんでもらうための工夫

タオルなどのリネン類をはじめ、サロンの雰囲気に合わせてなるべく自然を感じさせるソフトな素材やグッズを用意しています。また、入り口横の棚のなかには、アロマ関連の本を並べています。アロマ初心者からプロ向けまで、多彩な本をお客様に貸し出しています。

価格設定・メニューづくりのポイント

お客様と自分が納得のいく設定

お休みをとって来店されるお客様が多いため、ゆっくりアロマを楽しめるロングコースを用意しています。また、観光地に近いことから、ランチタイムに間に合うような時間配分のメニューを導入。ほぼ1日1名と少数の受け付けなので、仕事としてセラピーを提供するにあたり、自分自身が金銭面で疲弊しないよう、月商目標を決めて逆算などして価格を設定しています。

Salon Menu

サロンメニュー

【アロマシエスタセラピー】

- エフェクティブタッチ®
  Special（180分）…¥20,000
- エフェクティブタッチ®
  Bodyトリートメント（100分）…¥13,000
- シエスタフェイシャル…¥13,000

【リズミカルボディ】

- リズミカルボディ®　トリートメント
  …¥13,000

【ホットストーン】

- Aroma Cuteオリジナル
  ホットストーントリートメント…¥12,600～

※メニューは一例です

店内で販売しているオリジナルのハーブティーは、施術とのコンセプトを揃え、お客様が自宅でもくつろげるように考えたもの

集客のポイント

SNSをこまめに更新することで人気のサロンに

開業して5年ですが、HPは最近立ち上げたばかりなので、HPからの集客はこれから。これまではクチコミやブログが中心でした。最近ではFacebookからのお客様も増えています。SNSの利用やイベント参加で横のつながりも広がり、ここ1～2年は同業の方の利用も増えました。

サロン開業から現在まで

1日のスケジュール

6:30	起床
7:30～	夫と子どもを送り出す。 サロンの準備をはじめる
10:00	駅までお客様をお迎えし、 施術を行う
14:00	お客様を駅までお送りする
14:30	サロンの片づけ タオルなどを洗濯する
16:00	当日のお客様の記録をつける そのほかのサロン業務をする
18:00	夕食の準備など、 プライベートの時間
22:30	ブログやFacebookで 宣伝や告知
24:00	就寝

開業までの道のり

▼2005年12月
アロマセラピーのインストラクター資格取得を皮切りに、各種トリートメントを学びはじめる。同時に、公共施設等でアロマ講師の活動をはじめる

▼2006年7月
妊娠・出産を機に、一時は活動休止

▼2008年～
鍼灸接骨院内にてリフレクソロジーを担当。その後、併設のアロマサロンの立ち上げを任される

▼2010年11月
化粧品会社のフェイシャルサロンに勤務。イベント出展やアロマ講師をしながら自宅開業の準備をはじめる

▼2011年12月
おうちサロンをオープン

▼2012年
病気を機に、サロンを一時休止（外部での仕事はあり）

▼2014年2月
再スタートして、現在に至る

現在のサロンデータ

- サロンの形態／マンション
- サロンの広さ／約5畳
- 1日の平均客数／1名
- ターゲット層／30代後半～40代後半

おうちサロン開業データ

- 開業年月日／2011年12月
- 準備期間／約1年
- 開業資金／約20万円
  ※譲っていただいたものが多かったため、ほとんどかかっていません
- 資金調達／すべて自己資金

成功へのアドバイス

「私自身が心と体を任せられるサロンをつくる」と目標を決めてからは勉強あるのみ。その決意がなければ続けられませんでした。軌道に乗るまでには時間を要します。お客様の信頼、セラピストとしての充実感が得られるときは必ずやってきますので、焦らず「発信し続ける」こと。家族には、協力してもらっていることへの感謝をダイレクトに伝えることも大切です。

Case 2

お客様からの信頼が厚いサロン

Les Marches《レマルシェ》

オーナー
浜野 和枝さん

美容整体サロン レマルシュ
埼玉県坂戸市芦山町29
【OPEN】平日／10:00～18:00（最終受付）
土日／10:00～17:00／不定休
【URL】http://ameblo.jp/lesmarches/

経験をいかして挑戦し続ける

のどかな地域に位置する、美容整体サロン「レマルシュ」。オーナーの浜野さんは、整体院・サロン勤務の経験者。もともと独立するつもりはなかったそうですが、「人生の転機は今しかない！」と直感し開業。はじめはマンションの一室を借りてスタートし、結婚を機におうちサロンをオープンしました。確かな技術と知識、経験で多くのお客様の信頼を得ています。

一室を借りての経営は経費がかかる分、仕事量が増えてしまいがちですが、自宅になってからは経費がおさえられるうえ、時間の使い方も上手になったそうです。サロンを長く続けるには、前に突き進む行動力と冷静な判断力の両方が大切だという浜野さん。あらゆる視点をもつプロとしての姿勢が、人気サロンであり続ける秘訣なのかもしれません。

センスよく小物や店販品が並べられた棚は、カウンセリングスペースからも目に入る場所に設置

レイアウトのポイント

お客様の動線を意識した配置

とにかくお客様の動線を考えた間取りにしました。お客様のイスの隣には、ミニテーブルを設置してバッグ置き場に。後ろを振り向くとお直しのスペースになります。お客様が座った位置からは、サロン全体のインテリアが見渡せるような配置になっています。

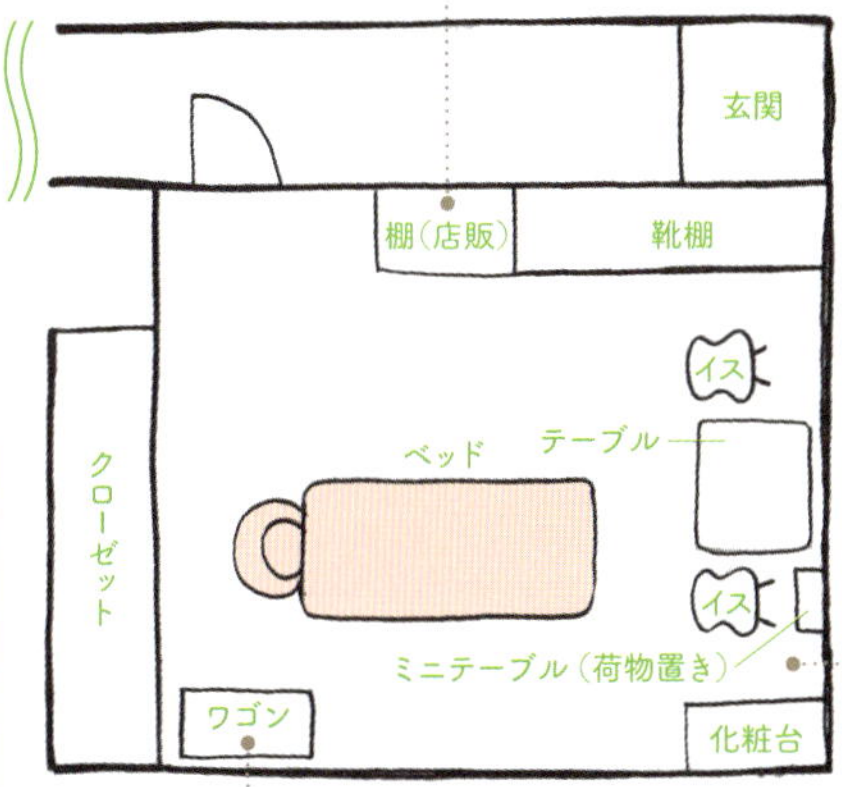

ベッド横にはタオルや着替えなどが置かれたワゴン。その日使う分だけを収納してすっきりした印象に

カウンセリング用のイスは回転式に。イスをくるりと回転させれば、お直しスペースに早変わり

インテリアのポイント

癒される雰囲気をつくり出す

部屋のベースカラーを茶系にすることで、色とりどりのインテリア雑貨が際立つようにしました。また、ベッドに仰向けで寝たときに見える天蓋風の布と3つの間接照明で、優しく包みこまれるイメージを演出し、リラックスしてもらえる空間づくりを心がけました。

上／玄関から廊下の壁紙をマスキングテープでアレンジ。お洒落度が一気にアップ
右／ぜいたくな雰囲気を演出する天蓋風の布は、テーブルクロスをつなげた手づくり

左／日本人の肌に合ったブレンドオイルを使用。お客様にも好評
下／ハーブティーや低カロリーの手づくりスイーツは、その日の気候やお客様に合わせて選ぶ

備品選びのポイント

自信をもって おすすめできるものを選ぶ

タオルやオイル、施術前後にお出しするハーブティーは良質なものを厳選。一定期間は必ず自分で試し、お客様に自信をもって提供できるもののみをお出しするようにしています。

価格設定・メニューづくりのポイント

お客様が選びやすい メニューづくり

お客様に具体的な目的意識をもってもらえるように、メニューは少なめにしました。価格は安くなりすぎないことを意識し、バランスの取れた価格設定に。メニューの内容や価格は、お客様の反応を確認しながら定期的に見直すようにしています。

Salon Menu
サロンメニュー

【顔・体コース】

- 美容整体100分…¥12,000
- トータルボディリメイク140分…¥16,000

【オプション】

- ピュアメイク整顔1部位（アイ／ネック）…¥3,000
- ガムステクニック…¥3,000
- クラニオパシーフットケア…¥4,800
- 足根骨矯正…¥3,000

※メニューは一例です

集客のポイント

確かな技術で お客様を呼び込む

移転前はHPとブログがメインでしたが、現在はクチコミがメイン。とくに、ご家族の紹介が多いです。移転告知は最終来店日から1年以内のお客様にしかしませんでしたが、休眠客だった方もブログをたどって来店されています。再来店のきっかけになるので、休眠客への告知もおすすめです。

玄関のインテリアもかわいらしく。華やかなウェルカムボードでお客様を歓迎

サロン開業から現在まで

1日のスケジュール

6:30　起床

9:20～　サロンの開店準備

10:00　開店
お客様がご来店
空いている時間はサロン業務や
家事にあてることも

14:00　お客様が帰られる
片づけと洗濯、次のお客様の
ご来店準備

18:00　受付時間終了
施術が終わり次第、閉店
掃除、洗濯、お客様記録をつける

22:30　残っているサロン業務を済ませる
（勉強や調べものも含む）

24:00　就寝

開業までの道のり

▼2000年
整体スクール卒業後、都内の整体院・リラクゼーションマッサージ店に勤務。同時に美容矯正スクールで技術を取得しはじめる

▼2003年
スクール直営の美容矯正サロンに勤務

▼2006年12月
勤めていたサロンを退職

▼2007年5月
マンションの一室で美容矯正サロンを開業

▼2015年11月
坂戸市への引っ越しを機に移転し、おうちサロン開業を決意

▼2016年3月
サロン名を美容整体レマルシュに変更して、
リニューアルオープン

現在のサロンデータ

- サロンの形態／集合住宅
- サロンの広さ／約6.6畳
- 1日の平均客数／1～2名
- ターゲット層／顔や体のゆがみ改善と根本的な体調改善を求める方

おうちサロン開業データ

- 開業年月日／2016年3月
※独立は2007年5月
- 準備期間／約4か月　※独立にも約4か月
- 開業資金／約40万円　※独立には約120万円
- 資金調達／すべて自己資金

成功へのアドバイス

個人サロンは、常に何かを決断することの連続です。まずはサロンの軸（コンセプト）をしっかりつくっておきましょう。私の場合、サロンに来てくださるお客様を具体的にイメージしながら開業準備をしました。その結果、順調にお客様を増やすことに成功。数年経った今でも、モチベーションの高いお客様にご来店いただけています。

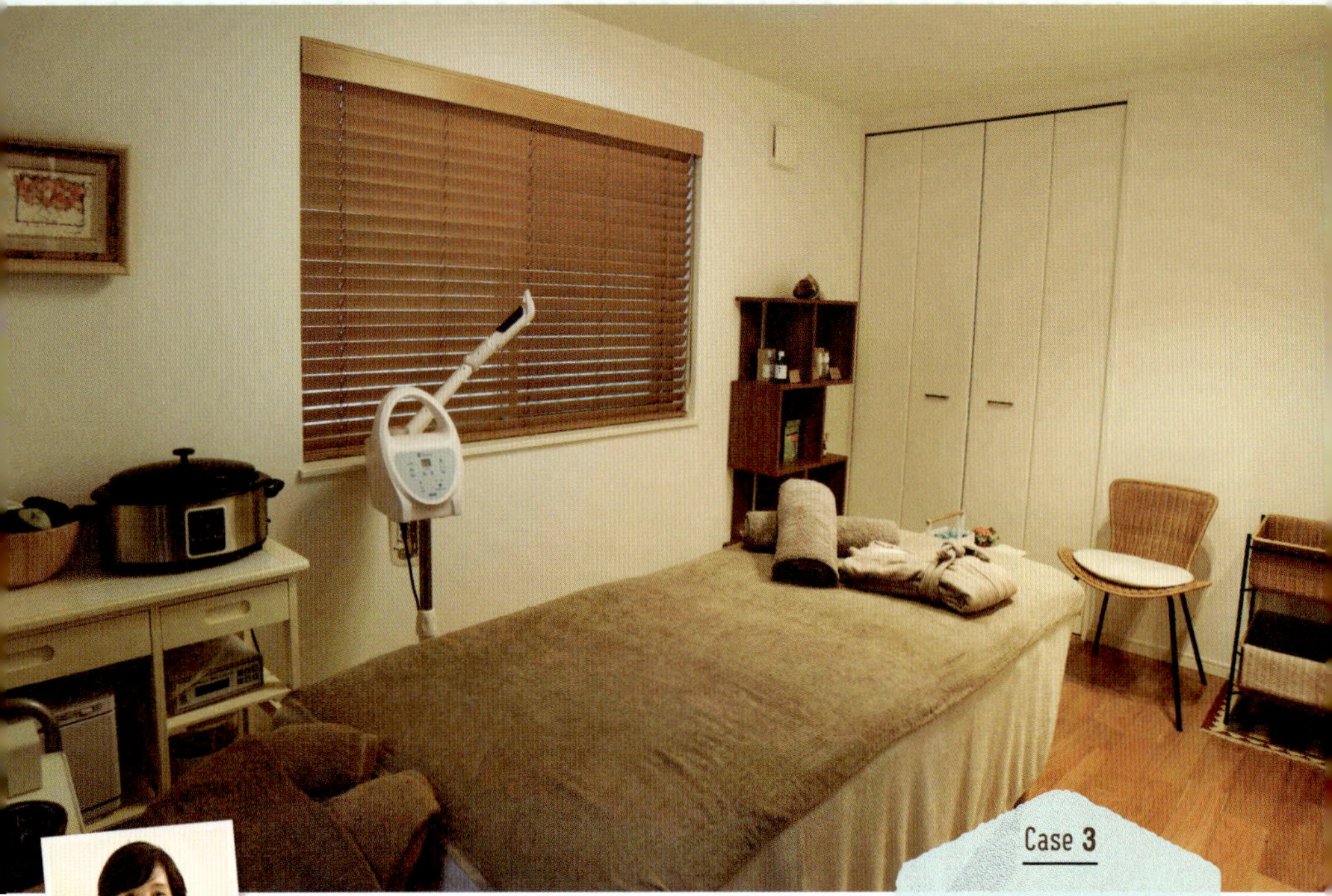

Case 3

心地よい時間が流れる場所

éclat《エクラ》

オーナー
南雲 わこさん

プライベートサロン エクラ
東京都世田谷区北沢４丁目
【OPEN】平日／11:00～22:00（最終受付）
土日祝／10:00～18:00／不定休
【URL】http://eclat-beauty.com/

おもてなし感あふれる一軒家サロン

都会の喧騒から離れた住宅街にあるサロン「エクラ」。３階建て一軒家の１階部分がサロンです。オーナーの南雲さんはアロマセラピストになった後、鍼灸師・あん摩マッサージの資格も取得。解剖学、東洋医学、アロマセラピーの融合で「心と体の心地よい暮らし」をサポートするため、お客様とゆっくり向き合う時間を大切にしています。

旦那さんと犬と暮らす南雲さん。ペットがいることは、ホームページと表札でお知らせをしています。営業中、犬は3階でお留守番。万が一、インターホンに気づいて鳴いても、お客様に聞こえにくいので安心です。お客様が犬好きなら、一緒にお見送り。営業中は玄関前に看板を置き、旦那さんへの「接客中」のサインに。さまざまなこだわりや「おもてなし」を感じられるサロンは、また足を運びたくなります。

レイアウトのポイント

生活感を感じさせない間取り

3階建ての1階部分にあるサロンは、玄関からまっすぐのところに位置します。施術のためにつくった部屋ではなかったものの、リフォームなどのコストはかけずに使用。洗面、バスルーム以外の生活スペースは2階以上にあるので、お客様も安心して施術を受けられます。

施術スペース入り口から見た玄関。廊下もすっきりとして清潔感がある

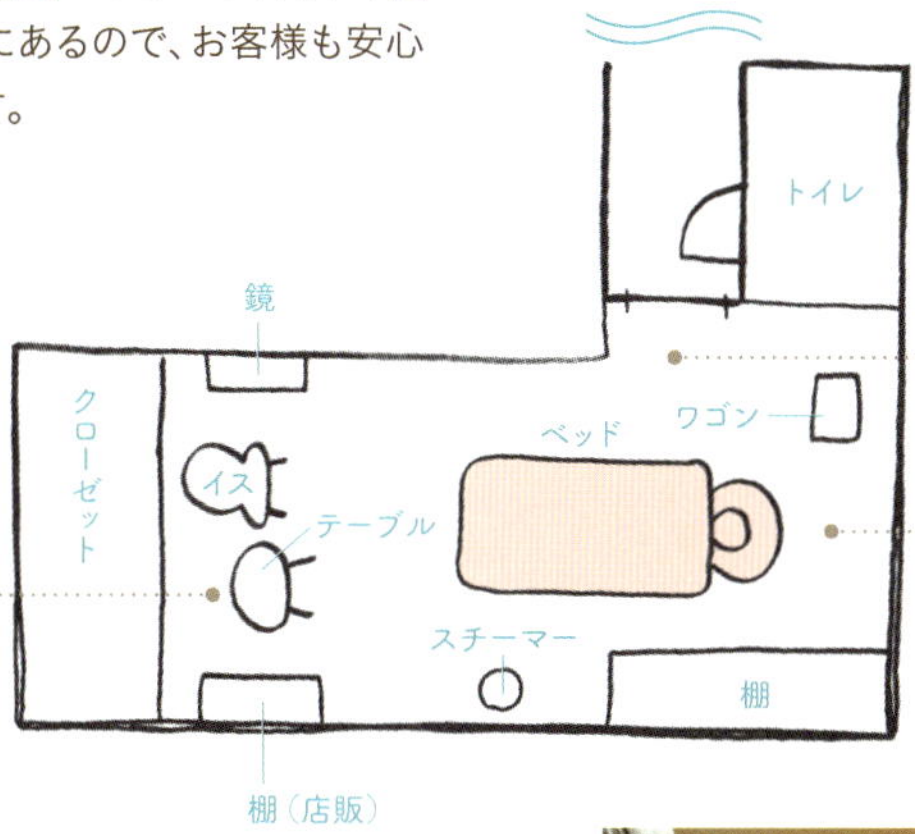

カウンセリング、フィッティング・お直し、店販を一つのスペースにまとめることで、動線にムダがない

施術中もスムーズに動けるように、備品が置かれたワゴンと棚は手の届く場所に配置

インテリアのポイント

癒される雰囲気をつくり出す

サロン内はどんな方でも受け入れやすく、清潔感のある空間を心がけています。インテリアは白と木目を基調にしたシンプルなデザインのものを。家具は無印良品やIDÉEなどで揃えました。部屋に飾る花やリースを替えて、季節感も演出しています。

上／窓辺には季節のお花を。室内には自然光がやさしく差し込む
右／リースもナチュラルな雰囲気のものを選んでインテリアに統一感を

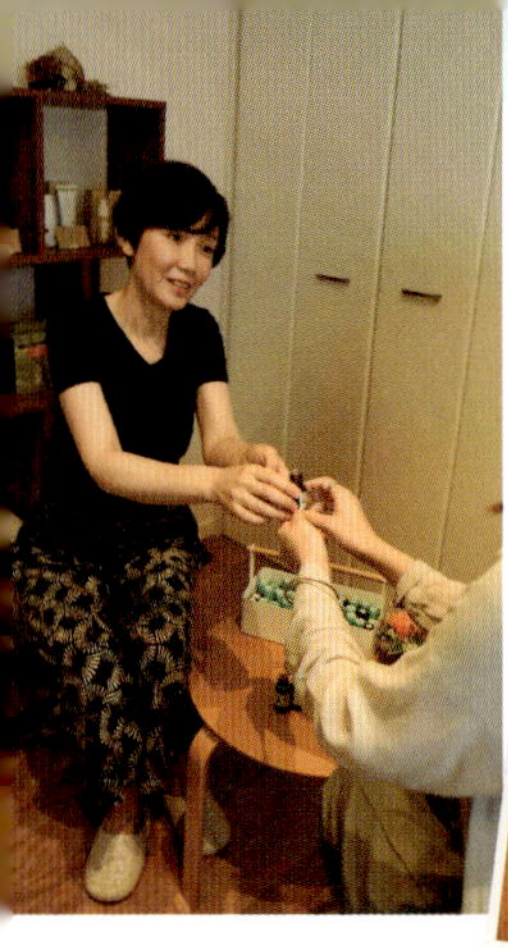

左／お客様の体調や気分に合わせて精油を選び、ブレンドする
下／精油は品質の確かなものをセレクト

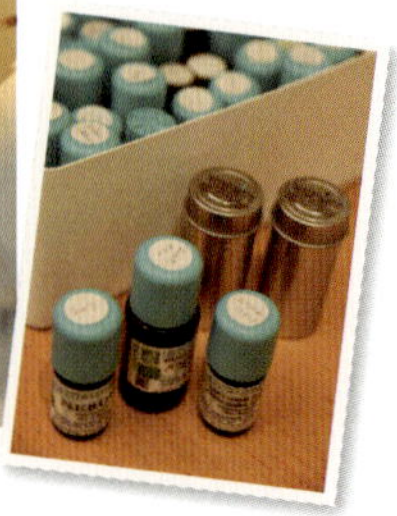

備品選びのポイント

心地よく過ごせる場所である工夫

タオルなどの消耗品は上質で心地よいものであると同時に、使い勝手のよいものを選んでいます。また、長い施術でも心地よく過ごしていただくため、足枕やヘッドレストにもこだわっています。精油や化粧品などの粧材は、気になったものはすべてサンプルやミニセットを購入。自分自身で試してよいと感じたもの、製造メーカーの想いに賛同できるものを使用しています。

価格設定・メニューづくりのポイント

質に見合った価格を設定する

開業時はかなりお得な価格設定にしてしまい、値上げのタイミングを失い苦労しました。価格設定は、先を見据えて慎重に行うことをおすすめします。メニューはわかりやすいネーミングと構成に。メニュー数も増やしすぎないようにし、リピーターのお客様にはオーダーメイド感覚で希望に合わせた施術をしています。

Salon Menu
サロンメニュー

- ボディ&フェイス　ハーバル120分…13,000円
- ボディ&フェイス　オリエンタル120分…13,000円

【特別な日のために】

- ボディ&フェイス　ラグジュアリー140分…18,000円

【オプション】

- 美容鍼（お顔のハンドリフトマッサージつき）25分…4,000円
- 美容鍼（お顔のハンドリフトマッサージなし）15分…3,500円
- シーズナルマスク…1,500円

※メニューは一例です

集客のポイント

ご紹介やリピーターに向けた特典を用意する

お店のポイントカード。毎回、その日に使った精油を書いたカードもつけてお渡しする

現在、お客様の7割がご紹介です。ご紹介カードをつくり、紹介した方、された方のどちらもお得になる特典を用意。お誕生日月には小さなサプライズ付き特別コースのDMを送るなど、長く通っていただけることに重きをおいた集客をしてきました。遠方のお客様が多いので今後はご近所の方に知っていただく方法も実践していくつもりです。

サロン開業から現在まで

1日のスケジュール

7:00　起床

7:30～　朝食や家事などを済ませる

10:00～　サロンオープン準備をする

11:00～　サロンオープン
2名の予約が続けて入った場合は、施術と施術の間に1時間半のインターバルを設ける。空いている時間でメールチェックやHPの更新などの事務作業、昼食や夕食を済ませる

22:00　受付終了
後片づけと掃除、洗濯、お客様の記録表を記入。記録表にはお客様の体の状態や施術内容のほか、雑談内容も詳しく書き込む

25:00　就寝

開業までの道のり

▼2006年
現AEAJアロマセラピストの資格取得

▼2006年～2007年
治療院付属のサロンに勤務

▼2007年～2013年
都内の外資系ホテル内のサロンスパ、路面店サロンに勤務

▼2012年
鍼灸学校卒業、鍼灸師、あん摩マッサージ師の資格取得。AEAJ（日本アロマ環境協会）認定校にて講師活動をスタート

▼2013年
プライベートサロン「エクラ」をオープン

現在のサロンデータ

- サロンの形態／一軒家
- サロンの広さ／約7畳
- 1日の平均客数／1～2名
- ターゲット層／40～50代女性
※実際には30～60代と幅広いです

おうちサロン開業データ

- 開業年月日／2013年10月
- 準備期間／約2か月
- 開業資金／約35万円
※別途、もしものときの準備金も用意
- 資金調達／すべて自己資金

成功へのアドバイス

おうちサロン開業でいちばん大切なことは、家族の協力。はじめる前に必ず自分のサロンへの想いを伝え、家族の意見をよく聞いて快く受け入れてもらいましょう。また、新規のお客様を積極的に集めるサービスよりも、一人のお客様に長く通っていただけるようなおもてなしを充実させていくことが、おうちサロンの成功の秘訣だと感じています。

Case 4

お客様がほっとできる空間

Milky Lake《ミルキーレイク》

オーナー
服部 美保子さん

ストーンヒーリングサロン ミルキーレイク
埼玉県朝霞市東弁財３丁目
【OPEN】10:00〜20:00（最終受付）／不定休
【URL】http://mandstone.net/milkylake/salon.html

非日常を感じられる癒しサロン

ストーンヒーリングサロン「ミルキーレイク」は、遠方からのお客様も多い人気サロン。石を使ったヒーリングは、アロマや整体とは異なり馴染みのない人も多いですが、オーナーの服部さんはブログやホームページなどを駆使して、その魅力を伝え続けています。

サロンスペースに入ると、そこはまるでかわいらしいカフェや雑貨屋さんのよう。サロンの至るところにカラフルな石たちが飾られ、室内に入った瞬間にリラックスできる空間がお客様にも好評だそう。

イベントや交流会にも参加している服部さん。自身でもスクールの開講やクリスタルヒーラーの交流会の主催など、広く活動されています。そういう場所での出会いや活動の幅の広さが、おうちサロンを続けるモチベーションになっているそうです。

レイアウトのポイント

一つの空間は仕切りを上手に活用

カウンセリング・レッスンルームと施術ルームの扉をなくし、ひと続きにすることで広々とした印象にしました。キッチンや収納スペースは同じ空間にあるので、布で仕切りをつくり目隠しをしています。布の柄や色は、サロンの雰囲気に合ったものを選んでいます。キッチンがすぐ横にあるので、お茶出しなどはスムーズです。

施術に使うタオルなどの備品は、窓ぎわの一角にまとめて収納。布で隠すことですっきりさせている

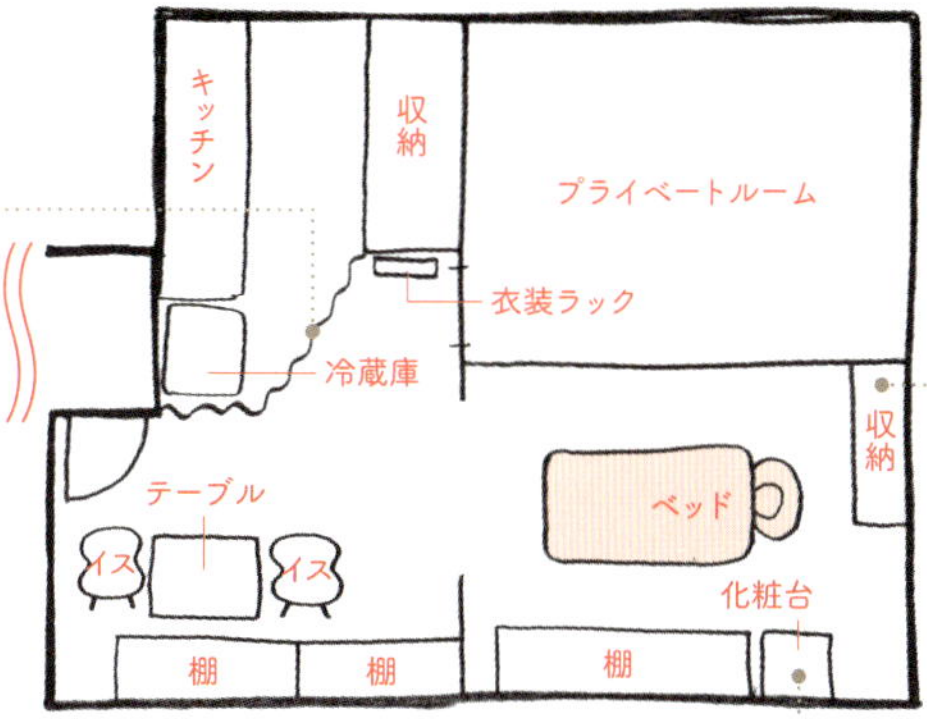

キッチンとの仕切りは物干し用の突っ張りポールを使用。乾かすスペースが足りないとき、家庭の洗濯物をここに干すことも

大きな鏡が置かれたお直しスペース。オラクルカードメッセージのサービスはここに置いてご案内

インテリアのポイント

どこでも癒しを感じられるように

ナチュラルな雰囲気で統一し、雑貨屋さんやカフェに来た気分でリラックスできる空間にしました。また、サロン内のどこでも「石」を感じていただけるように、トイレや洗面所などにも石を飾っています。お客様をお迎えする前には、鉱物を混ぜた手づくりのお香を焚いています。お香はパワーストーンの浄化にも。

上／かわいらしく飾られた棚。雑貨はネットや100円ショップなどで購入したものがほとんど
左上／サロン入り口前の棚。センスよく石が並ぶ

左／石がきれいに見えるように、色分けして並べている
下／お茶の種類によってカップを変えるのも一つのこだわり

備品選びのポイント

自分のお気に入りを揃える

中学生のころから大好きな石は、種類が豊富。自ら鉱山などに足を運んで採集したものもあります。サロンではティータイムを大切にしているので紅茶やハーブティーなど、種類を多めに揃えています。施術のベッドは、カナダのノマド社のものをカスタムオーダー。自分のお気に入りのものや納得のいくものを選ぶようにしています。

価格設定・メニューづくりのポイント

選びやすさと通いやすさがポイント

メニューはお客様が選びやすいように「ふだんの疲れに効くメンテナンスのためのメニュー」と「よりスピリチュアルな深い部分を癒すためのメニュー」の2パターンに分けてつくりました。施術内容は、自分が受けたいと思えるものにし、定期的に見直しもしています。価格設定では、お客様が通い続けられるかどうかを考えて決めました。

Salon Menu
サロンメニュー

【クリスタルヒーリング】

●60分コース…7,500円

●90分コース…10,500円

【クリスタルオイルトリートメント】

●60分コース…7,500円

●90分コース…10,500円

【魂のフォローヒーリング】

●130分…20,000円

【妖精とつながるセレモニー】

●3～4時間…33,000円

※メニューは一例です

集客のポイント

興味が湧くページづくり

メインの集客はHPやブログ、Facebook。とくにブログを見てご来店くださるお客様が多いです。ブログではサロンやスクールのお知らせ、石の魅力をお伝えしています。専門用語は使わず、親しみやすくて楽しめる文章を心がけています。また、チラシを作成して出張先のお客様に配布したり、近隣のカフェに置いていただいています。

サロンのチラシは自作のもの。学生、OL時代につちかった知識で、HPも自分で開設

サロン開業から現在まで

1日のスケジュール

7:00～　起床
朝食や家事などを済ませる

8:00～　サロンの準備開始
身支度、メールチェックも済ませる

10:00　1人目のお客様をお迎え

13:00　1人目のお客様をお見送り
昼食を済ませ、次のお客様の
準備をする

14:00　2人目のお客様をお迎え
パワーストーンレッスンを
開講する日もあり

16:10～　2人目のお客様をお見送り
片づけや洗濯、メールチェック、
明日の準備をしながら夕食の
支度も開始

20:30～　夕食、プライベートの時間

24:00　就寝

開業までの道のり

▼ 2008年～
会社勤務をしながらヒーリング、アロマトリートメントなどの勉強をはじめる

▼ 2010年2月
勤めていた不動産会社を退職

▼ 2010年4月
ワンルームマンションを借り、ストーンリラクゼーションサロン「ミルキーレイク」を開業

▼ 2010年11月
クリスタルヒーリングスクール「エムアンドストーンガイダンスカレッジ」を開講

▼ 2011年5月
おうちサロンをオープンするために、自宅を引っ越し

現在のサロンデータ

- サロンの形態／マンション
- サロンの広さ／施術ルーム約6畳＋カウンセリング・レッスンルーム約8畳
- 1日の平均客数／1～2名
- ターゲット層／20代後半～50代女性

おうちサロン開業データ

- 開業年月日／2011年5月
  ※独立は2010年4月
- 準備期間／約3か月　※独立には約2年
- 開業資金／約80万円
  ※独立には約150万円（勉強代を含む）
- 資金調達／すべて自己資金

成功へのアドバイス

多くのお客様がHPからのお問合わせで、顔の見えないやり取りです。安心してお越しいただけるよう、メール応対はとくにていねいに。おうちサロンは時間も仕事のスタイルも自由な反面、一人で煮詰まることもあります。人と会う機会や気分転換の時間も大切にしてください。そこから仕事のアイデアやご縁につながることもたくさんあります！

はじめに

「サロンを開業できたら、どうしたいですか？」

これは、私がサロンコンサルをするとき必ずお伺いする質問です。おうちサロンは手軽に開業できる分、10年継続できるのはわずか3～5％という厳しい現実があります。サロンは開業してからが真のスタートなのです！

では、たった数％の10年以上続くオーナーは何が違うと思いますか？　違いは2つあります。


1つ目は、夢や目標をどこにもっているか。

「サロンを開業しよう！」と思っているときは、サロンを開業することが夢や目標になってしまいがちです。しかし、長く愛されるサロンになるためには、サロン経営することで叶える夢を見つけることが大切なのです。

サロン経営をして何がしたいのか、自分や家族、お客様がどう変化して、社会にどんな貢献をしていきたいか。サロンを開業したその後を考えてみてください。

２つ目は、経営や集客に必要な情報やノウハウが十分に身につけられているか。そのために、この本では、サロンをはじめる準備や軌道に乗せるためのヒントやアドバイスをたくさん用意しています。

私自身が、自分のサロンで実践していること、アドバイスをするなかで効果的だったノウハウ、少しむずかしいけど理解しておくことで経営が安定する数字の話など、盛りだくさんです。３年目以降に多いトラブルや悩みの解決策、長く続けるための情報なども載せています。

おうちサロン経営は、自由で、楽しく、欲しい収入がちゃんと手に入って、家族も、お客様も、セラピストも幸せになれる素敵な仕事です。必要な知識をこの本で身につけて、５年後、10年後を思い描きながら、一生の仕事を手に入れてもらえたら嬉しいです。

一緒に、サロン経営を楽しみましょう！

磯部　百香

もくじ

巻頭 Special 先輩経営者に聞く！ おうちサロン成功のヒケツ

Part 1 おうちサロン開業の前に

\ こんなにたくさん！ /

おうちサロンの魅力

おうちサロンは店舗サロンにくらべて、どこがよいのでしょう？
おうちサロンには、ここで紹介する以外にもたくさんのメリットがあります。

魅力1 開業のハードルが低い

“開業”というとハードルが高く感じますが、おうちサロンの開業には特別な資格は必要ありません。店舗を借りる手間や時間、お金もかかりませんし、スタッフを雇うこともほぼありません。自宅にサロンができる「スペース」と、お客様に満足していただける「スキル」があれば、だれでもおうちサロンをはじめられます。

魅力 2 リスクが低い

店舗サロンの場合、家賃がかかるうえ、お客様の来店がなくても光熱費の負担が必要。集客ができるようになり、サロンの経営が安定するまでは赤字覚悟となります。一方、おうちサロンなら家賃も不要、光熱費も家計と按分で、基本料の負担がおさえられるため、お客様の来店が少なくても赤字がふくらむことがないので安心です。

魅力 3 時間を有効活用しやすい

おうちサロンは基本的に事前予約制。定休日や営業時間を自分で設定できるので、自分のペースで働くことができ、家事や育児との両立もしやすいです。さらに、おうちサロンは自宅が仕事場。通勤や待機時間などの時間が必要ないうえ、接客の合間に事務作業や家事をしやすいので、1日の時間を有効に活用できます。

魅力 4
掃除や片づけが習慣に

いつでもお客様をお迎えできるような環境にするため、とくに玄関まわりは、掃除しやすいように余計なものを片づけ、きれいな状態をキープする習慣がつきます。家族と共用のトイレや洗面所などの水まわりは、汚れたらすぐ掃除が基本。清潔感を保つことで、ふだんから家族も気持ちよく使えます。

魅力 5
家族と一緒にがんばれる

おうちサロンは家族の協力なしにはできない仕事です。仕事を続けているうちに、家族のありがたさをより深く感じることができるはず。感謝の気持ちを家族に常に伝えていくことで、家族の理解も深まり、より協力し合えるようになります。とくに、子どもはがんばっているママを身近で見ることで、お手伝いを積極的にするようになることも。

魅力
6
自分のセンスをいかせる

どこかの店舗に勤めると、自分のやりたいことが十分にできなかったりすることもあります。しかし、おうちサロンの場合、オーナーは自分。自分が本当にしたいサービスや施術、使いたい商品を納得のいくまでこだわり、それを必要としているお客様に提供できます。自分のセンスをいかし、お客様も自分も輝ける場所になります。

魅力
7
共感してくれる人との出会いがある

おうちサロンの場合、クチコミや紹介で来店するお客様もいらっしゃいます。クチコミは信頼の証。自信をもってすすめたものに共感し受け入れられることは、さらなる自信になります。セミナーやイベントへの参加も、新しい出会いの場です。自分が心から楽しいと思えることを理解し、時間を共有してくれる人がいることは幸せなことです。

おうちサロン
開業までの道のり

おうちサロンを開きたい！　開業までには、どんなことをしたらよいの？
まずはここで、開業までの流れを把握しておきましょう。

Check!

計画を立てる　▶Part 1, 2

準備をする　▶Part 3, 4, 5, 6

1 自宅がサロンを開業できる環境か確認する

持ち家だと問題のないことがほとんどですが、賃貸マンションなど環境によっては商用利用ができない場合も……。まずは、自宅がおうちサロンに適した場所かを確認しましょう。

2 サロンのコンセプトを決める

おうちサロンを開ける環境だとわかれば、さっそくサロンのコンセプトを決めましょう。コンセプトはサロンの主軸となるもの。しっかり固めておくことがサロン運営のカギです。

3 サロン名を決める

サロン名はコンセプトのイメージに合ったものにします。由来があると親しみやすく、愛着も湧きますね。

4 開業資金の使い道を考える

「おうち」なので家賃はかかりませんが、家具や備品を揃えるためのお金は必要です。資金をどのように割り当てるか、整理しておきましょう。

5 開業届けを提出する

開業を決めたら、所轄の税務署に開業届出書を提出しましょう。業務の内容によって必要な届出が違うこともあるので、きちんと調べて提出を。

6 メニューと価格を決める

まずは自分がどれくらい働くことができて、どれくらいの収入が必要なのかを考えて。そこからメニュー内容と価格を固めていきましょう。

7 空間をつくる

コンセプトに合った空間づくりをしましょう。お客様がリラックスできるよう配慮し、自分の個性やこだわりが見せられるとよいですね。

8 集客をする

空間づくりとともに、集客の準備もスタート。まずはブログやSNSなど、簡単にできるものから。HPもあればベストです。ターゲットに合う集客方法を考えましょう。

9 接客のシミュレーションをする

オープンの日が近づいてきたら、接客シミュレーションをしてより自信をつけましょう。モニター募集をするのも◎。プレオープンでお客様の反応を見ることもおすすめです。

Check!
おうちサロンを長く続ける ▶Part 7, 8

はじめてのおうちサロン Q&A

**おうちサロンをはじめたいけれど、知らないことや不安なことばかり……。
まずは基本の知識を予習しておきましょう。**

Q おうちサロン開業には資格が必要？

A ほとんどの場合は、特別な資格は必要ありません。

癒し系や美容系のセラピーが多いおうちサロンは、資格がなくても開業できることがほとんど。施術スペースと、お客様に満足していただけるスキルがあれば大丈夫です。

▶詳細はP.40へ

Q コンセプトはどうやって決めたらよいの？

A 「だれのために」「どんな」「何のために」を考えましょう！

コンセプトを決めるときは、「だれのためのサロンか？」「どんなサロンなのか？」「何のために行うのか？」を自分に問いかけながら考えると、目的や目標が明確になります。

▶詳細はP.46へ

Q 開業するときに必要な書類って何があるの？

A 「開業届け」を提出し、その後、確定申告の準備を。

役所に提出する書類は、開業前の「個人事業の開業・廃業等届出書」と、毎年の確定申告です。どちらも自宅住所の所轄の税務署に提出します。どのおうちサロンでも同じです。

▶詳細はP.76へ

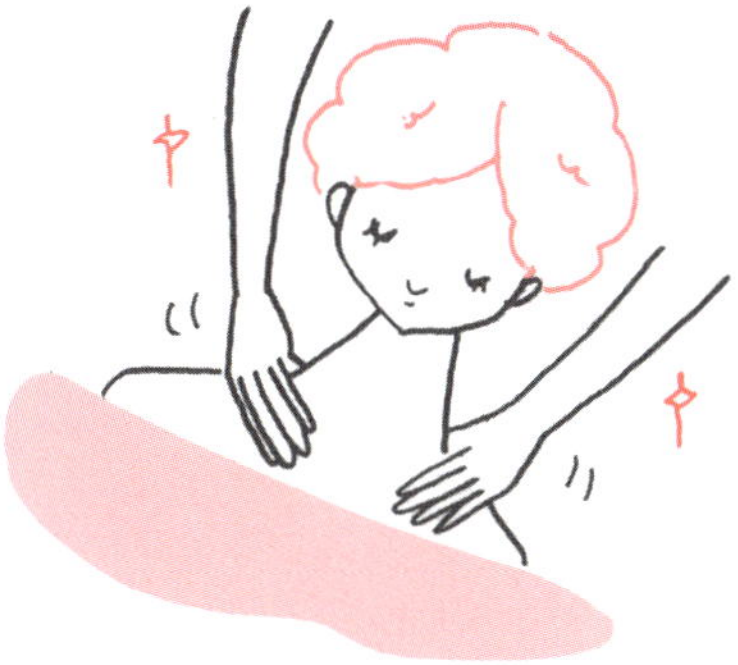

Q どんなメニューにしたらお客様に喜ばれるの？

A “おうちサロン”のコンセプトに合ったメニューにすると◎。

完全予約制というスタイルが多いおうちサロンは、ゆっくりと施術を受けたいお客様がほとんど。後はコンセプトに合わせ、お客様の悩みを解決できる内容にしましょう。

▶詳細はP.100、P.102へ

Q どれくらいの価格にしたらよいか迷っています。

A 必要な収入とサービスのバランスが取れた価格にしましょう。

まずは自分に必要な収入や経費、原価などを計算しましょう。そこから、自分が提供するサービスと顧客満足度に合った価格をしっかりと割り出します。

▶詳細はP.88～P.98へ

Q 生活感をなくすにはどうしたらよい？

A お客様の目線を意識して清潔に。食べ物の匂いは厳禁です！

まずは、お客様の目につくところはすっきりとさせましょう。ほかにも壁紙を変える、消耗品を少し上質なものにするなどの工夫をするとお店感が出ます。食事などの匂いもしっかり消臭をしましょう。

▶詳細はP.112へ

Q 住所や電話番号はどこまでお伝えするべき？

A 詳しい住所は予約確定後に。専用の電話番号をもつと安心。

HPに掲載する住所は、大まかな住所でOK。「詳しい住所はご予約確定後にお知らせします」とお伝えしましょう。電話番号もお互いのプライバシーを考え、専用にすると安心です。

▶詳細はP.148へ

Q リピートしてもらうにはどうしたらよいの？

A リピートのカギは顧客満足度を上げること！

お客様の悩みや期待にこたえる施術や接客ができれば、しぜんと足を運んでいただけます。また、新規客よりもリピーターに向けた特典を用意することも大切です。

▶詳細はP.176、P.186へ

Q メニューをリニューアルしたいのだけど……。

A 不人気のメニューならなくしてもOKです。

開業後、しばらくして経営が厳しい、満足度が低いと感じたらリニューアルをしてみましょう。新しいサービスは、自分で体験してみてお客様に喜ばれそうなものだけを導入します。

▶詳細はP.196、P.198へ

Q 家事や子育てとの両立がむずかしそう……。

A ライフサイクルに合わせたスケジュールを立ててみましょう。

おうちサロンのメリットは、自分の予定に合わせてスケジュールを組み立てられること。サロン業務にどれくらいの時間がかかるかを考え、無理のない程度ではじめましょう。

▶詳細はP.218、P220へ

Q おうちサロンを長く続けるコツは？

A 交流会や勉強会などで、モチベーションを上げていきましょう。

交流会や勉強会、イベントへの参加は向上心を高めてくれたり、励ましてくれたりする場です。セルフメンテナンスなどの息抜き時間を取ることも、続けていくためには必要です。

▶詳細はP.234へ

Part
1

おうちサロン
開業の前に

おうちサロンを開業すると決めたら、
サロンの軸となるコンセプトや目標を
しっかりと固めましょう。
お客様に愛されるサロンになるためには、
心の準備が大切です。

STEP 01

あなたの開業パターンは？

まずは自分の道のりを想像する

おうちでサロンを開くには、特別なスキルが必要？　どんな人が開業しているの？　自分にできるかな？　気になるところですよね。まずは、おうちサロン開業のパターンと、それぞれの特色を見てみましょう。

開業パターンは大きく3つに分けられます。

1 ほかのサロンで経験を積んだ後に独立する
2 資格を取り、起業する
3 趣味でやっていたことを仕事にする

1の経験パターンの場合は、仕事のノウハウがわかっているので、いちばんスムーズに開業できるでしょう。人脈をいかせるのも大きな強みです。新しい分野でチャレンジしたい場合は、**2**の資格や技術を取得してからの起業になります。勉強する時間が必要になりますが、スクールやセミナーに通うことで起業仲間ができるという利点も。**3**の趣味が発展して起業する場合は、「好きこそ物の上手なれ」と言いますから、深い知識のなかから自分のこだわりをいかした店づくりをしている人が多いようです。

あなたはどのパターンですか？　開業パターンを意識すれば、必要な準備が見えてくるはずです。

足りないものは欠点ではなく成功のカギ

どのパターンも、メリットもあればデメリットもあります。たとえば、**1**の経験パターンの人は、これまでの仕事スタイルに引っ張られがち。自分の強み、オリジナリティを意識しましょう。**2**の資格パターンや**3**の趣味パターンは、それが仕事として成り立つのか、ビジネス目線をもつことが大切です。

「足りないからできない」のではなく、「足りない部分は、よりよくしていけるのびしろ」。「おうちサロンをはじめたい」という気持ちが大切です。足りない部分は少しずつ補っていけばよいのです。

おうちサロン開業のきっかけは？

あなたはなぜ、おうちサロンを開こうと思いましたか？
まずは、自分がおうちサロンを開く理由と現状を知ることからはじめましょう。

①経験をいかすパターン

【よい点】「店舗サロンに勤務していた」など実務経験があり、仕事のノウハウがわかっています。これまでの人脈をいかせるのも大きな強みです。

【注意点】これまでの仕事スタイルに引っ張られがちなので、オリジナリティを出して差別化を。経営や集客の勉強も大切です。

②資格をいかすパターン

【よい点】経験は少なくても、身につけた専門知識と技術をいかすことが可能。スクールなどに通うことで、人脈が広がります。

【注意点】プロとして十分な資格か確認を。どんな資格も、取ったときからがスタート。知識のブラッシュアップや、実務経験を積むことも必要です。

③趣味をいかすパターン

【よい点】自分が好きなことを仕事にでき、これまでの知識や、こだわりをいかすことができます。

【注意点】思い込みの知識だけではじめないように注意。自己満足で終わらないように、顧客目線をしっかりともちましょう。

足りない部分は、少しずつ補っていこう！

STEP 02

開業している姿をイメージしてみよう

理想のおうちサロンのかたちを見つける

おうちサロンで働く自分の姿を具体的に想像できますか？　どんなお客様に来てほしいのか、お客様に何をしてあげたいのか、1日のお客様は何人くらいで収入はどれくらいなのかなど、具体的に考えられない場合は、心の準備がまだできていないのかもしれませんね。まずは情報収集をしっかり行いましょう。

サロンのイメージを具体化するには、実際にさまざまなサロンに出向き、体験してみるとよいでしょう。こんなサービスをしてもらって嬉しかった、あのインテリアが素敵だったなど、自分が「いいな」と思うポイントはメモしておきましょう。「いいな」を積み重ねていけば、ビジョンが固まってくるはず。ほかにも、商工会議所が開いている起業セミナー（→44ページ）や、現場体験などができる機会があれば参加しておくのもおすすめです（→42ページ）。

より具体的な計画を立てる

サロンのイメージが固まったら、いつまでに何をしたいか、具体的な計画を書き出してみましょう。

理想のサロンを開くまでに必要なことはなんでしょうか？　たとえば、もっとスキルを磨きたい、部屋を改装したいなど、いろんな希望やアイデアが出てくることでしょう。それらを、やるべきことから時系列にまとめて計画表をつくれば、目標が明確になりスムーズに進められます。もちろん、計画は途中で変更してもよいのです。まずは「自分はこうなりたい」という理想を紙に書いてみましょう。

次に、どうしたらそれがかなうのか、可能な線を探ります。お客様のニーズがあるか、予算に無理はないか、自分や家族に負担がかかりすぎないかをよく考え、長期計画も考慮しましょう。無理をしすぎると、必ずどこかでストップしてしまいます。

足を運んで情報収集する

自分がおうちサロンを開いている姿を想像できないなら、ほかのおうちサロンに足を運んでみましょう。そして、よかったことや嬉しかったサービスなどを書き留めておきます。「もし自分だったら？」という視点をもって体験することが大切です。

イメージを計画に落とし込むためのアイデア

計画どおりに進めるために、やるべきことを付せんに一つずつ書いて整理すると◎。ノートなどの計画表に、今週中、今月中、3か月以内など、時系列に貼り付けると開業までのタスクリストが完成。買う物、やること、依頼することで付せんの色をかえてもよいですね。

Point

5W1Hに落とし込むとわかりやすい！

計画を具体化するときはWhen（いつ）、Where（どこで）、Who（だれが）、What（何を）、Why（なぜ）、How（どのように）の5W1Hに落とし込むと、曖昧な部分に気づくことができます。

STEP 03

おうちサロンに適した場所とは？

商用可能な物件か確認する

おうちサロンを開く前に、あなたのおうちが開業できる物件かどうかを確認しましょう。

持ち家の一軒家で土地付きであれば何の問題もありませんが、借地なら地主の許可が必要です。分譲マンションや賃貸の場合は、契約書に「住居専用」とあれば商用利用はむずかしいです。ただし、管理組合や管理人に許可がもらえれば営業できる場合もあるので、まずは相談してみることをおすすめします。一方、可能な場合でも、管理組合や管理人にひとこと相談をしましょう。

自宅が開業できる物件であることがわかったら、次はサロンとして使える場所があるか確認します。施術内容にもよりますが、6〜8畳ほどあるとよいでしょう。エステサロンなら、一人用ベッドが置けて施術するのに苦にならないスペースが必要。カウンセリング系のサロンなら、もう少し狭い場所でも大丈夫でしょう。お客様と自分の動線に配慮して空間を考えておきましょう（→64ページ）。

おうちでサロンが開けない場合は？

技術があれば、自宅でサロンを開くことができなくても、仕事をすることは可能です。

たとえば、「出張サロン」。お客様のお宅に出向き、サービスを行います。育児や介護で長時間家を空けられない方、体が不自由で外出がむずかしい方などには、とても喜ばれるサービスです。事前に電話やメールでカウンセリングをしっかり行い、料金や交通費の有無、利用人数などを明確にしておきましょう。

また、時間単位でサロンスペースをレンタルできる「レンタルサロン」もあります。ベッドなどの設備が整っているところなら、より手軽にサロンを開くことができます。

あなたの家は開業できる?

**おうちサロンでも一軒家かマンションか、持ち家か賃貸か、と形態はさまざま。
自宅でサロンが開けるのか、事前に調べておく必要があります。**

一軒家の場合

土地付きの住居であればまったく問題ありません。おうちサロンに最適といえます。借地の場合は、地主の許可が必要になるので、相談してみてください。

マンション、賃貸の場合

契約書に「住居専用」と記載があれば商用利用はむずかしいでしょう。可能な場合でも、管理組合や管理人に相談してからはじめると安心です。

自宅での開業がむずかしい場合

**マンションや賃貸の場合、商用利用することがむずかしいことも。
「自宅」という場所にこだわらなければ、違う方法もあります。**

出張サロン

お客様のお宅に伺い、サービスを行います。何かしらの理由があって、長時間家を空けられない方や、体が不自由で外出がむずしい方などには、とくに喜ばれます。

レンタルサロン

時間単位でサロンスペースをレンタルし、施術をします。あらかじめベッドなどの設備が整っているところもあるので、手軽にサロンを開くことができます。

STEP 04

開業に有利な資格、スクールの選び方

資格は自分の可能性を広げる種

資格には国家資格と認定資格があります。国家資格は国が法律に基づき認定する資格で、無資格でその行為を行うと法律違反になります。たとえば、サロンでマッサージを行いたい場合は、「あん摩マッサージ指圧師」の国家資格が必要になります。

一方、認定資格は民間団体が認定するもので、何かをするために必ず必要な資格、というわけではありません。エステやアロマテラピー、フットセラピーなど、ほとんどの癒し系や美容系セラピーは資格がなくても開業できます。

とはいえ、資格があるとないとでは印象が違います。また、資格は仕事の幅を広げるもの。サロンを開業しながらも、少しずついろんな資格取得に挑戦し、知識を組み合わせてオリジナルのサービスを提供しているセラピストもたくさんいます。

自分のスタイルに合ったスクール選びを

資格を取得したいと考えたら、まずスクールに通うことをおすすめします。スクーリングを最低限におさえた通信講座という方法もありますが、プロを目指して技術を学ぶ、という目的には合いません。おうちサロンを開業すると決めた人や、いつか開業したいと考えている人は、きっとどちらもプロとしてやっていきたいと思っていることでしょう。

スクールを選ぶときは、自分のスタイルに合っているかどうかを基準にすることが大切です。サロンで提供したいサービスは何か、どんな人のどんな悩みを解決したいか、サロンとして使えるスペースで提供可能かどうか、自分自身がその施術を体験して気に入っているか、自分の適性がいかせそうか、などを考えたうえで、お客様に提供したい技術が学べるスクールを選びましょう。

知識と経験は自信につながる

おうちサロンは必ず資格が必要というわけではありませんが、資格をもっていると仕事の幅が広がり、自分の自信になります。

開業に役立つ主な資格

【認定資格】

- アロマ環境協会　アロマセラピスト
- 日本アロマコーディネーター協会 アロマハンドリラックス
- 英国IFA協会認定アロマセラピスト
- ITEC　アロマセラピー
- ITEC　リフレクソロジー
- ITEC　ホリスティックマッサージ
- CIDESCO　アロマセラピー
- CIDESCO　ビューティーセラピー
- CIDESCO　スパセラピー
- 日本エステティック協会認定 エステティシャン
- 日本エステティック協会認定 上級エステティシャン

【国家資格】

- あん摩マッサージ指圧師
- 柔道整復師

※そのほか、各スクール・協会が認定しているセラピスト、整体師、ヒーラー、カウンセラーなどの資格があります。

入学費以外に必要なお金

スクールでは実践の勉強が欠かせません。精油やオイル、タオルなどが必要になりますが、それらはほぼ実費です。「もっと知識を深めたい！」と、スクール教材以外の専門書などを買うこともあるはず。それらを考慮して、勉強費を用意するようにしましょう。

ココに注意！

勉強している自分に満足しない

「スクールに通っている」という事実に満足して、勉強がおろそかになる人がいます。また、資格を取得しておしまいではなく、その後どれだけ知識をいかせるかが大切です。

STEP 05

開業前のさらなるスキルアップ

スクールのインターン制度を活用する

スクールなどでは、学んだ技術をいかすためのインターンシップ制度が設けられています。実際にお客様を施術することで、技術はもちろん、接客やサロンワークを学ぶことができます。これらの体験は、異業種からの転職など、これまでサロンで働いたことのない人にとっては、とくに重要な経験になります。ちょっと想像してみてください。もし、開業してすぐに来てくれたお客様に施術や接客で満足してもらえなかったら……。今後、お客様が増える可能性は極めて低くなります。逆に満足してもらえたら、リピーターになり、ほかの方にすすめてくれるかもしれません。

施術経験を重ねることは、自分の自信にもつながります。もしあなたがサービスを受けるなら、自信をもって接してくれるほうがよいですよね？　最初からプロのサービスをするためには、開業前にどれだけ施術経験できるかがとても大切になります。

プレオープンで経験を積む

オープン前に施術経験を積むためには、一度ほかのサロンに就職するのもよいですが、そのほかにもさまざまな方法があります。

第一の方法として、家族や友人に施術モデルになってもらうこと。いろんな意見をもらうことで、自分では気づかなかった改善点が見えてきます。もっと数をこなしたい、集客につなげたいという場合はＳＮＳなどを使ってモデルを募集する手もあります。

また、正式にオープンする前にプレオープン期間を設け、モニター価格での施術を行うのもおすすめです。サロンの告知・宣伝にもなりますし、できるだけ多くの方と接することで、お客様が求めるもの、それをどう提供できるかなど、これからのビジネスプランの参考にもなります（→１５６ページ）。

オープン前にスキルアップする方法

サロンを本格的に始動する前に、スキルアップしておきましょう。

インターンシップ制度を利用する

スクールによっては、インターンシップ制度が設けられているところがあります。実際にお客様に施術することで技術や接客などのサロンワークを学ぶことができる、貴重な体験です。とくにこれまでサロン勤務の経験がない人は、有効に利用しましょう。

ネットで施術モデルを募集する

ネットを利用して施術モデルを募集するのも一案です。数をこなして施術に慣れたり、さまざまなタイプのお客様を想定したりすることができます。募集する際は「開業に向けた準備です」といった目的、目標を明記しましょう。条件や料金についても細かく記しておくことで、トラブル防止になります。

プレオープンでモニターを募集する

おうちサロンを本格的にスタートさせる前に、プレオープンの期間を設けるのもよいでしょう。モニター価格で設定すれば、サロンの宣伝にもなります。本格的なオープンの前にお客様の反応を見ておくと、改善点が見つかるかもしれません。

施術経験を積むことで、自信をつける!

STEP 06

起業者向けのセミナーに参加しよう

地域サービスを有効活用する

開業前にぜひ一度行っておきたいのが、起業者向けのセミナーや講座。学べるのは、お金の動かし方や税金、法的手続きといった具体的な経営のことだけではありません。起業するとはどういうことなのか、ビジョンの立て方から計画の進め方なども学ぶことができます。基本的なことを専門的な視点に立って改めて見ることで、これまで曖昧にしていたことがはっきりしたり、今までとは違ったビジョンが見えてくることもあります。

スクール以外でも、起業者の味方となってくれる施設は各地域にあります。商工会議所では、会社の資金繰りや経営の相談を行ったり、開業に関するセミナーや講座を開いたりしています。起業したい人のサポートをしてくれる創業支援センターも、全国にあります。このようなサポートから得られる地域情報も、きっと役に立つはずです。

コミュニケーションの輪を広げる

起業者向けのセミナーや講座に参加することは、横のつながりをつくるよい機会でもあります。自営業は、自分の考えどおりにできる自由がある反面、孤独を感じることも多いでしょう。何かに行き詰まったときや困ったとき、同じ立場で相談できる相手がいることはとても心強いものです。また、情報交換をすることでお互いにブラッシュアップしていくこともできるでしょうし、話をするだけでもお互いによい刺激を受けたりするものです。

おうちサロンを開いた後も、ほかのサロンに行って施術を受けてみたり、同業者の講習会や交流会などに参加してみてください。自分のモチベーションを高めることは、おうちサロンを長く続けるうえでも大切なことです。

開業について相談したいときは？

開業の準備を進めていると、わからないことがあるはず。
一人で抱え込むのではなく、地域の相談窓口などを利用してください。

商工会議所

各地域にある商工会議所では、経営に関する相談を受け付けていたり、開業に関するセミナーや講座を開いたりしています。女性起業家向けの支援も積極的に行っているので、困ったときは相談しましょう。

創業支援センター

全国にある創業支援センターでは、各支店で無料の創業セミナーを開催しています。地域の情報など、役に立つネタがあるはずです。各支店で特色があるので、HPで調べてから参加しましょう。

おうちサロン仲間をつくろう！

起業向けのスクールや講座に参加することは、知識を得るためだけでなく、同業者との交流の場にもなります。おうちサロンの経営は基本的に一人。孤独を感じることもあるでしょう。苦労や喜びを分かち合える“同志”がいることは、おうちサロンを続ける励みになります。

STEP 07

サロンのコンセプトを決める

サロンの指針となる「コンセプト」

勉強でもスポーツでも、目標をもつことが大切と言われますよね。サロンづくりも同じです。まずはあなたのサロンの指針となるコンセプトを明確にしましょう。自分のなかでコンセプトがしっかりしていれば、それに合った空間づくり、メニュー構成、価格設定などもおのずと決まってくるものです。

サロンを運営していくうえで、さまざまな変化や困難はつきもの。「こんなはずじゃなかった」「なにかうまくいかない」。そんなふうに思うときは、コンセプトをふり返ってみてください。コンセプトを見失わなければ、あちこち迷うことなく自分のすべきことがはっきりと見えてくるはずです。

コンセプトを決めるための3つの質問

サロンのコンセプトを考えるとき、自分自身に「だれに向けて行うのか」「どんなサロンを」「何のために」の、3つの問いかけをしましょう。

「だれに向けて行うのか」は、サロンのターゲットとなる人物像を絞り込む作業です。あなたはどんな人に来てほしいですか、その人にどうなってほしいですか（↓48、50ページ）。

「どんなサロンを」は、自分の〝売り〟つまり、サロンの特色は何になるのかを探していく作業です。高い技術を強調するのか、きめ細かいサービスを重視するのか、独特なメニューで勝負するのかなど、自分のスキルや経験を棚卸しして分析するとよいでしょう（↓52、54、56ページ）。

「何のために」は、サロンの基礎となる方向性を決める大切な部分。あなたの本当にやりたいことや目的は何でしょうか。好きなこと、嫌いなことから見つめ直してみましょう（↓58ページ）。

さあ、48ページから具体的に考えてみましょう。

コンセプトを決める3つの質問

コンセプトを考えるとき、自分に大きく3つの問いかけをするとよいでしょう。

①だれに向ける?

〈例〉最寄り駅を利用する、平日に働く35歳前後の肩こりや冷えに悩むOL

②どんなサロン?

〈例〉アロマホットストーンで体を芯から温めながら、アロマで心と体を同時に緩める

③何のために?

〈例〉冷えや肩こりに悩みながら、仕事をがんばる女性の心と体のストレスを軽減したい!

コンセプトが決まる

↓

サロン名が決まる　／　**サロンの雰囲気が決まる**　／　**メニュー、価格が決まる**

コンセプトが固まると、サロン名やメニューなども決めやすくなります。サロンの主軸になるものなので、しっかり設定しましょう。

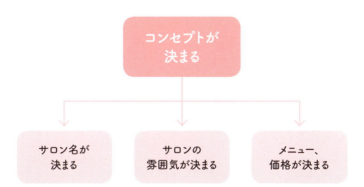

STEP 08

プロセス①
ターゲットをイメージしよう

どんな人に来てもらいたい？

ターゲットが漠然としていると、お客様にとって「どこにでもあるサロン」になってしまいます。サロンを探しているお客様は、解決したい悩みや目的をもってサロンを探して予約しようと思っています。

悩みが深いほど専門性を求めますので、コンセプト、専門性、ターゲットが明確でない「どこにでもあるサロン」には興味をもってもらえません。また、ターゲット像に合わせてサロンのメニューやサービスを用意すると、お客様が希望に合ったサービスや本当に必要な技術が受けられるので、顧客満足度がアップ。お客様の「残念だった」「失敗だった」を減らすことができるので、お客様もサロンも幸せな状態ですね。

数多くあるサロンのなかからお客様が自分に合ったサロンを選びやすくするためにも、お客様が「私のためのサロン」と思えるくらい、ターゲット像を固めてサロンの魅力を打ち出しましょう。

お客様の線引きを明確に

おうちサロンの最大の特徴である「自宅」。これはあなたにとって、プライベートスペースにお客様を入れることになります。またお客様にとっても、一般的な店舗とは少し違い、見ず知らずの人のテリトリーに足を踏み入れることになるのですから、構えてしまうところもあるでしょう。

そんなお互いの不安を解消するためにも、受け入れるお客様の条件は明確にしておいたほうがよいでしょう。女性専用か、男性はお断りするのか紹介であればＯＫなのか、子連れでも大丈夫かなど、ホームページなどに明記しておくと◎。また、条件まではいかなくても、主婦向けなのかキャリア女性向けなのかなどだけでも提示しておきます。お客様にとって、サロンを選ぶ判断材料が多いほど安心できます。

ターゲットを具体化しよう

ターゲットを決めるときは、幅広くするのではなく具体的に絞ると、「わたしのため」という特別感が出るので効果的です。

ターゲット
家族構成は?
どんな仕事をしている?
プライベートは何をしている?
どんな悩みをもっている?
どんな願望をもっている?
ターゲットが絞られる

ターゲットを考えるときは、具体的に人物を想像してください。「夫と子どもの3人暮らし」「10時から17時まで、事務の仕事をしている」「疲労感がとれないという悩みをもっている」など……。そして最後に、その悩みを解決するために自分ができることを考えていきましょう。

ココに注意!

「幅広く」は魅力が下がる

たとえばターゲットを「大人の女性向け」としても、漠然としすぎてお客様は行きたいと思いづらいでしょう。お客様が自分に向けたサロンだと感じなければ、足を運びませんよね？

STEP 09

プロセス② お客様にどうなってほしいかを考えよう

「お客様の未来」を提案する

前ページをもとに、どんなお客様に来てほしいのかは決まります。では、あなたはそのお客様にどうなってほしいと思っていますか？　たとえば、同じエステサロンであっても、健康になってほしいのか、自信をつけてほしいのか、リラックスしてほしいのか、セラピストによってアプローチも変わってきます。

ただ自分がやりたいことをやる、という考えでは自己満足で終わってしまいます。施術中の主役はセラピストではなくお客様。お客様が素敵な未来を想像できなければ、コンセプトはあってないようなものです。自分がお客様にしてあげられること、何をもって帰ってほしいと思っているのかを考えてみましょう。

なってほしいイメージを明確にするということは、お客様にとっても未来をイメージしやすく、サロンを選ぶきっかけとなるでしょう。

万人受けを狙わない

自分がお客様に本当に提供したいもの。それがサロンのコンセプトの軸です。そのコンセプトがお客様に伝わらなければ、意味がありません。できるだけお客様がイメージしやすい言葉で、コンセプトをまとめてみましょう。

ターゲットを絞ったのですから、そのコンセプトはすべての人に受け入れられるわけではないでしょう。けれども、きっとあなたの気持ちに共感してくれる人、未来を夢見て来てくれる人がいるはずです。

サロンを選んでくれたお客様には誠心誠意向き合い、お客様の声を聞き逃さないように心がけましょう。「お客様にこうなってほしい」という気持ちをしっかりもっていると、セラピストとお客様の信頼関係が生まれ、あなたを選ぶ理由になります。おうちサロンは、お客様との信頼関係なくしては、成り立たないのです。

理想は人それぞれ

たとえば、同じアロマサロンといってもコンセプトは違うはずです。セラピストによって、お客様へどうアプローチするか、どうなってほしいのかは異なります。あなたはお客様におうちサロンに来ていただき、どうなってほしいですか？　それがコンセプトをより明確にしてくれます。

提供したいこととニーズの接点を探す

お客様にどうなってほしいかを明確にした後に考えたいのが、自分が提供したいと思っているものが、お客様が望んでいることと合致するかということ。おうちサロンを自己満足で終わらせないためにも、どんなニーズがあるかをきちんと調べることが大切です。

Point

万人のニーズに応えようとしない

「万人のニーズに応えなければ」と欲張るほど、自分のサロンの特徴がわからなくなります。ニーズを調べるときは、ある一定の方に向けた特別なサロンと設定しておくとよいでしょう。

STEP 10

プロセス③ 自分の「長所」と「短所」を挙げよう

自信をもって商品をすすめる

日本には〝謙遜の美学〟というものが根付いています。そのため、自分の短所はたくさん挙げられても、長所を挙げることが苦手な人が多いかもしれません。しかし、商品を買うとき「人に言えるようなよいところはないですが……」というものを買おうと思うでしょうか？　きっと買いませんよね。

おうちサロンでは、セラピストの技術が商品。自分自身の長所が、そのままサロンの魅力になります。お客様におすすめできる自分のよいところを自覚し、プロデュースしていかなくてはなりません。まずは、自分の長所を100個ぐらい書き出してみてください。どんな長所がサロンの魅力となるのかを探りましょう。

短所もアピールポイントにする

自分の長所がすぐ出てこない場合は、短所を挙げてみるのもよいでしょう。短所と長所は紙一重です。たとえば、「優柔不断」は「ほかの人の意見を広く取り入れる柔軟性がある」とも言えますし、「マイペース」は「鷹揚《おうよう》で自然体」など、プラス要素に転換できます。

また、コンプレックスや失敗体験が、自分の魅力や強みになることもあります。たとえば、ただ「料理研究家」というより「30 kgダイエットに成功した料理研究家」のほうが興味をひきませんか？　「会社を成功させる方法」より「ホームレスから会社を立ち上げた社長のアイデア」のほうが魅力を感じますよね。マイナスの経験を隠すのではなく、「そこから何を得たのか」をオープンにすることで、共感や説得力を生むことができるのです。

あなたの長所も思わぬところに隠れているかもしれません。これまで短所だと思っていたこと、マイナスの経験だと思っていたことは視点を変えて、強みにしていきましょう。

マイナスは視点を変えてプラスに

あなたが自分で短所だと思うことは何ですか？
じつは短所だと思っていたことも、長所としてとらえることができます。

〈 短所を長所にする 〉

短所		長所
おしゃべり	→	社交的、活発
八方美人	→	溶け込みやすい
こだわりが強い	→	最後までやり通す
心配性	→	気配りができる、慎重
負けずぎらい	→	向上心がある

〈 ネガティブな経験を気づきにする 〉

- 太っていると言われて、さまざまなダイエットにチャレンジした。
- 目指していた夢があったが、挫折した経験がある。
- ネガティブに考えてしまう性格を変えるように努力した。

↓

- ダイエットで注意したいことなど、アドバイスができる！
- サロンのメニューを考えるときの参考になる！
- 同じような境遇のお客様に共感してあげられるので、心を開いてもらいやすい！

STEP 11

プロセス④ 自分の「スキル」をいかそう

今できることを再確認する

自分の魅力を探る手段として、自分が今もっているスキルを挙げてみましょう。

スキルとは「資格」のことだけではありません。今までしてきた仕事、得てきた知識、積んできた経験、仕事とは関係のないような趣味やふだんの生活のことでも構いません。自分の人生をふり返って、今手にしているものをどんどん書き出してみます。

じつは、仕事には関係ないと思っていることが仕事の役に立ったり、自分にとっては「普通のこと」でも、ほかの人には「すごいこと」になる可能性もあります。「料理が好き」なら、食に関連づけたアプローチができるかもしれません。「友人が多い」なら、あなたは人を楽しませる会話が得意なのかもしれません。「楽しいおしゃべり」だってリピーターを増やす立派な魅力なのです。

できないことを認識することも大切

自分のスキルを書き出していくと、自分にはできないことも見えてきます。できないことをきちんと知っておくことも、サロンを運営するには必要なこと。できないことを知り、できるように努力することはもちろん大切ですが、場合によっては避けることも必要でしょう。

おうちサロンを動かしていくのは、基本的にセラピスト一人です。自分がやりたいと思っていることならスムーズにできるかもしれませんが、やりたくないことを一から学ぶのはとても根気のいること。それよりも今、自分がもっている魅力を伸ばすことに力を注いだほうがよい場合もあります。

やるべきことか取捨選択をするためにも、自分のできることとできないことをきちんと把握しておくことが大切です。

スキルの棚卸しをしよう

自分が得意なことや知識、経験、これから挑戦したいことを整理して、
最優先して取り組むことを決めましょう。

① もっている資格や特技、挑戦したいことを書き出す

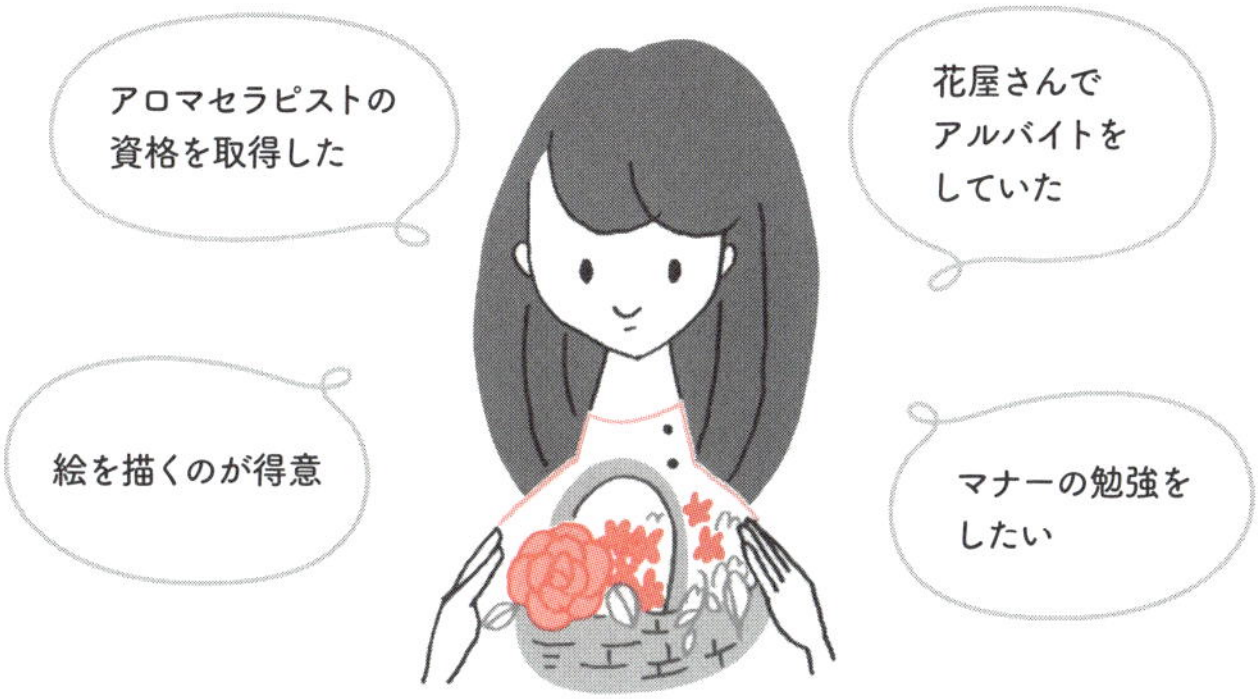
アロマセラピストの
資格を取得した
花屋さんで
アルバイトを
していた
絵を描くのが得意
マナーの勉強を
したい

② 「やりたい」「やりたくない」「できる」「できない」、に分ける

	できる	できない
やりたい	● ニーズに応じて最優先すること	● これから挑戦していきたいこと
やりたくない	● 必要に応じて取り入れること	● 必要でなければ取り入れなくてよいこと

↓

まずは、あなたのできることからはじめよう！

STEP 12

プロセス⑤ サロンの軸になる「売り」とは？

長所とスキルからニーズを考える

これまで自分の長所やスキル、どんな人に来てほしいか、どうなってほしいかを明確にしてきました。ここまで考えたら、いよいよサロンの「売り」が見えてくるでしょう。

まず、自分の長所やスキルでお客様にどんなサービスを提供できるのか、そしてそれが世間のニーズに合っているのかを考えてみてください。いくら優れたサービスやアイデアであっても、ニーズがなければサロンの魅力にはなりえませんし、そもそも商売になりませんよね。

ニーズに合ったサービスであること、さらに「自分だけができる」というオリジナリティを加えましょう。たとえば外食するレストランを選ぶとき、「今日は○○が食べたいからあの店に行こう」と、その店のメニューを目的に行くこともあります。お客様に「○○だったらあのサロン」と思わせるものをつくっておくことが大切です。

ターゲットに合った「売り」を打ち出す

いろんな「売り」が出てくると思いますが、そのなかからターゲットとなるお客様の立場に立って、いちばん心に響きそうなものを選びましょう。

サロンの「売り」はたくさんあってよいと思います。それだけ多くのお客様をひき寄せる可能性があるのですから。しかし、「あれもこれもできます」という伝え方では、お客様にはかえって特徴が伝わりません。オールマイティよりピンポイントで、サロンの軸となる「売り」を打ち出しましょう。

ほかの「売り」にも優先順位をつけ、少しずつ試していけばよいのです。もしコンセプトにそぐわないと感じたときは、得意分野でも切り捨てたほうがサロンの特色を出すことができるでしょう。

サロンの軸になる「売り」を明確にしよう

自分のサロンについて、以下の6項目に5段階で点数をつけてみてください。
いちばん点数の高いものがサロンの売りになります。

項目	評価
①技術力の高さ	5 ←ここが売り
②技術のオリジナル度	3
③粧材へのこだわり	3
④ほかにはない設備	3
⑤サービスの独自性	4
⑥カウンセリング、接客力	2

【評価のしかた】

5点 …… とくに自信がある
4点 …… 自信がある
3点 …… 普通
2点 …… あまり自信がない
1点 …… まったく自信がない

ターゲットと売りに合う集客方法を考えよう

サロンの売り（強み）がわかったら、どのようにお客様に伝えたらよいのかを考えましょう。20代の働く女性がターゲットならどんな集客方法がよいでしょう？　たぶん地域のチラシだけでは情報が届かないですし、SNSで告知したほうが目に入りやすいかもしれませんね。

Point

コンセプトは
イメージしやすい言葉で

コンセプトが決まったら、お客様がどんなサロンかをイメージしやすい言葉で伝えましょう。自分が打ち出したコンセプトと、お客様のイメージするサロンが違うのはNGです。

STEP 13

プロセス⑥ 自分の「好き」「嫌い」を見つめ直す

自分の本心を探ってみる

あなたがおうちサロンをはじめようと思った理由はなんでしょうか？　当然、「その仕事が好きだから」という気持ちはあると思いますが、もう少し深く掘り下げてみましょう。

「その仕事が好き」だけなら、趣味としてやってもよいですし、ほかの店に就職したほうがお金の心配をせず好きなことに没頭できる場合もあります。おうちサロンという道を選択した裏に、自分の「好き」「嫌い」が隠されているはずです。

たとえば、「人に喜ばれるのが好き」でも「時間に追われるのは嫌い」なのであれば、「自分のペースで納得できるサービスをしたい」という具体的な気持ちが見えてきます。理由はたくさんあるはずです。自分は何が好きで何が嫌いなのか、できるだけ洗い出してみましょう。

「好き」は最大の武器

なぜ、改めて「好き」「嫌い」を確認すべきなのかというと、人は無意識のうちに「好きなこと」よりも「こうしたほうがよい」という選択をしがちだからです。しかも「自分がすべきこと」＝「自分がしたいこと」と混同してしまうことが多いのです。

もちろん、おうちサロンでも好きなことばかりできるわけではありません。無理をしなくてはいけないこと、苦手なことをしなくてはいけない場合もあるでしょう。しかし、それができるのは、自分が本当に好きなこと、本当に望んでいることが目標にあるからではないでしょうか。人は「好きなこと」のためなら、がんばれるものです。

まず、いちばん大切なのは、自分が本当にやりたいこと、そして、その目的を見極めることです。それがサロンの柱となります。

「好きなこと」を活力にしよう

自分の「好きなこと」「嫌いなこと」を書き出しましょう。
本当に望んでいることに気がつくと、目的も決まりやすいです。

好きなこと

- 人の話を聞く
- 時間を気にせず、ゆっくりと過ごす
- 絵を描く
- 落ち着いたトーンの色

など

嫌いなこと

- 一方的に考えを押しつける
- 時間に追われる
- 人混みや、うるさい場所
- 散らかった空間

など

自分が本当に好きなことをする → サロンの主軸になる

Column 1

ありがちな失敗はこう回避!

知識や技術不足のままの開業

おうちサロンの「気軽に開業できる」というメリットは、
一歩間違えると、「知識不足」というデメリットを引き起こします。

失敗例

スクールに通い直すことになりました。

おうちサロンを開業するために短期集中コースのスクールに通いました。しかし、お客様の期待に応えられないことが多く、技術に物足りなさを感じ、すぐにスクールに通い直すことになってしまいました。

これでOK!

事前のリサーチが大切です!

「短期間で学べる!」「1日間で○○の資格がとれる!」などとうたっているスクールや通信講座は、はじめてサロンを開業する人には向いていません。ある程度の経験や知識を積んだセラピストが、ブラッシュアップのために受講するのはよいですが、知識や技術、経験の浅い人にとっては不十分です。知識不足のまま、おうちサロンを開業してしまい、「結果が出せない」「リピートしてもらえない」と感じてスクールに通い直す、という失敗パターンは多いです。

新しい機器を導入するときも、慎重になる必要があります。敏感肌改善のサロンなのに、肌に負担をかける機器を導入しては本末転倒ですよね。スクールや講座、サロン機器は「後々気づいてもう一度」では、時間もお金もムダになってしまいます。しっかりと下調べをしてから、慎重に選びましょう。

Part 2

オープンまでに準備すること

さっそくサロン名、サロンスペースなどを決めましょう。
開業に必要な資金の把握、届け出の提出、
損害保険への加入など、
サロン運営に必要な準備を進めます。

STEP 01

サロン名を決める

イメージに合う言葉を書き出す

あなたが初対面の人と会ったとき、その人の顔や表情、話し方などから性格を想像しますよね。サロン名はまさにサロンの顔。お客様に与える印象を大きく左右するものなので、じっくり考えましょう。

まずは、サロンのコンセプトと言葉のイメージがぴったり合うものを探しましょう。お客様にどんなイメージをもってほしいのかを考え、それを表す言葉をたくさん書き出します。色で表現したり、物にたとえたり、お客様がサロンのイメージをパッと思い浮かべられるようなキャッチーなフレーズを使ったり、さまざまな方向からキーワードを探ってみましょう。

お客様の心に届きやすいサロン名とは

キーワードを書き出したら、そのなかからサロン名に適したものに絞っていきます。その際、**3**つのポイントがあります。

１つ目は、覚えやすくて印象に残るものにすること。いくら凝った名前でも、まわりに覚えてもらえなければ意味がありません。とくに、英字表記の場合は注意が必要です。読み方がわかりにくい、発音・表記しづらい名前は、電話をしたり、ネットで検索することを躊躇させてしまいます。わかりやすいキャッチコピーを足したりして補足するのも一案です。

２つ目は、意味や由来があること。「なんとなくつけました」と言うより、「こんな意味を込めました」と言ったほうが魅力的ではありませんか？

３つ目は、インターネットで検索してほかで使われていないこと。ありきたりすぎる名前や、同名の店が近所にあると検索で上位になりにくく、お客様があなたのサロンを見つけづらくなってしまいます。

また、ドメインやＩＤを取得できるか、各サイトで確認してから決めることも重要です。

サロン名を決めるときの流れ

サロン名を考えるときは、次のような流れで考えましょう。

コンセプトのイメージに合うサロン名を書き出す

↓

3つのチェックポイント

① 覚えやすく、印象に残るもの

長すぎる、読みづらいといった名前は避けて。
英字表記の場合はフリガナをつけると◎。

② 意味や由来があるもの

意味が込められていると、より魅力的に感じたり、愛着が湧いたりします。

③ ネット検索して、ほかで使われていないもの

近所の店や、イメージダウンするような店で使われていないほうがよい。

↓

サロン名が決定！

ココに注意！

登録商標の場合はNG！

一生懸命に考えたサロン名でも、すでに商標を登録されていたらその名前は使用できません。特許庁のサイトで登録されているか調べることができるので、チェックしておきましょう。

STEP 02

サロンに適した部屋とは？

お客様と自分の動線を確認しよう

38ページでも少し触れましたが、サロンを開くのには、それほど広いスペースは必要ありません。メニュー内容にもよりますが、6～8畳あれば大丈夫でしょう。そのスペースをどこに設けるかは、あなたの仕事上の動線、またお客様の動線をイメージして使いやすい場所を選びましょう。

お客様がシャワーや洗面台を使うメニューがあるサロンの場合は、洗面所や脱衣所に行きやすい場所がよいでしょう。また、どんなサロンの場合でもトイレへの動線は考えておいたほうがよいでしょう。もし、家族が家にいるときにもお客様を受け入れるのであれば、家族と鉢合わせすることになるのは避けたいもの。お客様がほかの部屋を通らずに行ける、家族も施術ルームを通らずに行けるとベストです。実際に自分がどう動くのか、お客様はどう動くのかをシミュレーションして場所を決めましょう。

固定概念にとらわれない部屋づくり

十分なスペースがあり動線もスムーズで、居心地のよい部屋が一部屋空いている、という好条件が揃うことはまれかもしれません。しかし、条件が揃わなくてもあきらめず、少し視点を変えてみましょう。

たとえば、家族のいない時間を利用してリビングをサロンとしている人もいます。リビングは家のなかでも広く、明るく気持ちのよい場所。仕切りをうまく利用して昼間はサロン仕様に簡単に模様替えできるようにすれば、居心地のよいサロンができます。お客様の動線に接する部分は、日ごろから整理整頓をしておくとスムーズでしょう。一軒家で、外に面する大きな窓がある部屋なら、玄関を通らず窓を出入り口にしてもよいかもしれませんね。常識にとらわれず、自分自身にもお客様にも居心地のよい場所を探しましょう。

自分の生活に合った空間づくり

サロンスペースは空いている部屋を利用したり、お客様が来るときだけ
リビングなどにスペースを設けたりしてつくります。

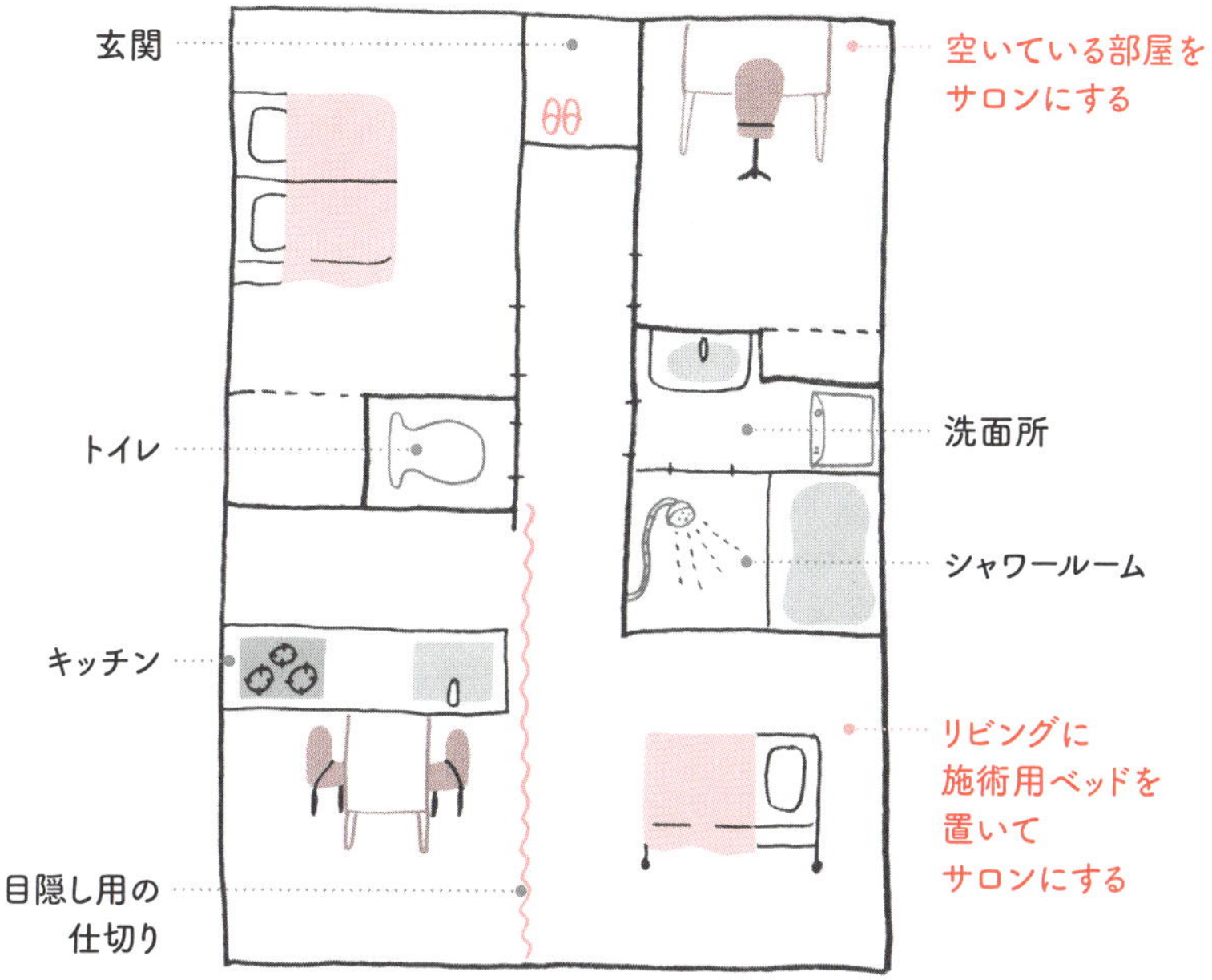

部屋選びで考慮しておきたいこと

- 施術用ベッドなどを置くスペースがあるか
- お客様の動線がスムーズか
- 自分が動きやすく使いやすい空間か
- 家族の生活音が気にならないか

STEP 03

サロンの設備を整える

施術ベッドと空調を整える

おうちサロンは、極端にいえば、ベッドが一つあればはじめられ、その手軽さが魅力です。最初からすべてを揃える必要はありません。とはいえ、お客様を迎えるわけですから最低限の設備は必要です。

まず、施術をするのに必要となる専用のベッドは、きちんとしたものを用意しておくのがおすすめです。セラピストの技術を左右する大切な仕事道具なので、最初にしっかり吟味して納得のいくものを選びましょう。

服を脱ぐオイルトリートメントを行うサロンでは、空調管理も欠かせません。冬場はとくに、エアコンだけでは足りないことも多いものです。直接には風が当たらないように、風向きなどの確認もするとよいでしょう。部屋が乾燥する場合の加湿器や、空気清浄機などを用意して、清潔な空気を保つようにすると、より快適な空間がつくれます。

洗濯機とサロン用の電話番号

多くのサロンではタオルをたくさん使います。自宅で洗濯することを考えるなら、9kg台以上の容量の大きな洗濯機や乾燥機が欠かせません。これはお客様の人数が増えてきてからの買い替えでは遅いので、できるだけ早く購入しておくことをおすすめします。あらかじめ経費に組み込んでおきましょう。

お客様からのご予約やお問い合わせを受けるための電話も必要な設備ですが、すでにもっている自宅の固定電話を使うこともできます。ただ、サロンの電話番号を途中で変更するのは、お客様を逃がしてしまうかもしれないのであまり好ましくありません。サロン専用の電話番号は、先に設定しておくのがベストです。同じ固定電話で二つの番号をもてるサービスもありますし、サロン専用の携帯電話を用意してもよいでしょう。

オープンまでに整えておきたい設備

**おうちサロンを開く前に、自宅の設備を見直しておき、
不備があれば整えておきましょう。**

エアコン

もともとエアコンのある部屋なら問題ありませんが、ない場合は設置しましょう。

洗濯機・乾燥機

施術でタオルをたくさん使うのに加え、家族の分の洗濯もあることを考慮しておきましょう。

電話

お客様からのお問い合わせやご予約に使います。専用の電話番号があると便利です。

加湿器

加湿すると体感温度が上がり、インフルエンザなどの感染症の予防にもなります。

施術用ベッド

自分で寝心地を確かめてから購入するようにしましょう。

冬場の暖房

においや音、風が出ない小型のものが便利です。

ココに注意!

共有スペースの確認も忘れずに!

トイレや洗面所、玄関などの家族も使用する場所は、日ごろからきれいにしておくように心がけて。水の流れが悪い、扉が開きづらいなど、不備があれば直しておきましょう。

STEP 04

コンセプトに合った空間づくり

サロンの雰囲気でコンセプトを伝える

どんな雰囲気のサロンにしようかな？　と考えるのはとてもワクワクしますね。「ナチュラルテイストがかわいいかな」「アジアンテイストもおしゃれだな」と目移りしてしまうかもしれませんが、サロンの内装イメージは、はじめにしっかり固めておくことをおすすめします。

　部屋の内装を考えるときは、パート1で決めたコンセプトのイメージに沿って考えるとよいでしょう。コンセプトに合った空間づくりができると、お客様にサロンのコンセプトが伝わりやすくなります。まずはコンセプトに合った部屋のテーマ（テイスト）を決め、さらにサロンのメインカラーを決めると部屋の統一感が出ます。細かいインテリアを買い足していく際にも、統一感のあるものを選択できるので、ムダな買い物をしないで済みます。

清潔感のある空間づくり

サロンの内装を考えるときに注意したいのが、アットホーム感を出しすぎないこと。おうちサロンのよさであるアットホーム感も、生活感の出しすぎはＮＧです。癒しを与えるサロンなら、お客様は日常から少し離れた世界を求めますし、美しくなるためのサロンなら、「こうなりたい」という憧れがないと通いたいとは思えないでしょう。

　もちろん、高級な家具を揃える、ということではありません。手ごろな価格の家具や備品でも、カラーで統一感を出したり、収納を工夫してすっきり見せたりすることで、いくらでもおしゃれで清潔のある空間をつくることは可能です。

　あなたのセンスで「日常とは違う特別な空間」をつくりましょう。具体的な方法はパート4を参考にしてください。

五感から得るイメージを統一する

サロンのイメージを伝えるには、五感を使うとよいです。文章で伝えるよりも、一気に情報が入るのでサロンのイメージが伝わりやすくなります。（▶P.116）

聴覚

サロンのイメージに合った音楽は、世界観を演出できます。

（▶P.126）

味覚

飲みものなどはほっとする味、すっきりする味など、イメージに合う種類を用意しましょう。

触覚

肌に触れるものからもイメージは伝わります。癒し系ならふわっとした手触りがよいですね。

（▶P.122-125）

視覚

サロンのテーマカラーを決めて、雑貨や家具などの色を統一すると◎。

（▶P.118-121）

嗅覚

サロンの雰囲気に合わせてエスニックな香り、ハーブの香りなどと決めます。

（▶P.126）

ココに注意！

コンセプトがぶれると居心地が悪い

サロン名は何となくハワイアン、しかし実際に行くと家具は和風、出された飲みものは緑茶。これではお客様は違和感を覚えてしまいます。サロン名も含めて、統一感を出しましょう。

STEP 05

備品は優先順位を決めて揃える

すべて揃えようと思わない

おうちサロンをはじめようと思ったとき、あれもこれも揃えなければいけないと考えすぎていませんか？　おうちサロンのよいところは、初期投資が少なくて済むことです。はじめから無理をしてすべて揃えようとお金をかけてしまうのは本末転倒です。サロンのオープン時はほかにも何かと費用がかさむもの。できるだけムダは避けたいものです。

ムダをなくすためには、衝動的に買うのではなく、吟味するクセをつけましょう。たとえば、「今、本当に必要なものか」「使うときのイメージができるか」「サロンに置いたとき雰囲気に合うか」などです。使うところをきちんとイメージできないものは、買っても結局は使わないことが多いものです。この機会に、家のなかを整理整頓してみると、代用できるものを発見することができるかもしれません。また、実際にサロンワークをしてみて、はじめて必要なもの、必要じゃないものがわかることもあるので、最初は本当に必要なものだけを揃えましょう。

肌に触れるものはこだわろう

施術に必要な道具以外で、最低限に必要となるのはタオルやスリッパ、テーブルやホットキャビなど、左ページに挙げたものくらいです。タオルなどのお客様ごとに使うものは、2営業日分くらいのお客様の数を用意しておくと安心です。

施術に使うオイルや化粧品なども、在庫の抱えすぎは禁物です。まずは最低限の数でサロンを運営し、状況に応じて対応していけば大丈夫です。

ただ、お客様の肌に触れるものは節約しすぎず、質のよいものを選ぶようにしましょう。せっかくの癒しサロンもタオルがゴワゴワしていたり、ガウンが汚れていたりしたら快適に過ごせません。

オープンまでに揃えておきたい備品

**備品はたくさん買わなければと思ってしまいますが、
オイルなどの消耗品以外では、以下のものが必要です。**

タオル、シーツ

目的に合わせて何枚か用意しておきましょう。少し多めに準備すると◎。

ガウン、スリッパ

肌に触れるものなので、上質なものを選ぶことをおすすめします。

イスやソファ、テーブル

カウンセリングをする際に使用します。

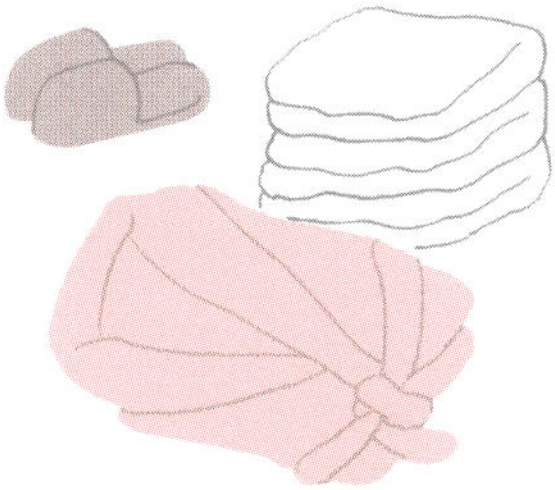

キャビネット、ワゴン

タオルや化粧品などの備品を収納しておきます。

ホットキャビ

タオルを温めるのに使用。1～2回の施術分のタオルが入るものを用意します。

備品は徐々に揃える

最初になんでもかんでも完璧に揃えようと思うと、資金が足りなくなってしまいます。まずは最低限に必要なものは何かを考え、そこから揃えていきましょう。「あったらいいな」というものは、徐々に揃えていけば問題ありません。無理のない範囲ではじめましょう。

Point

**家のなかを
整理してみよう!**

おうちサロンを開くと決めたら、家のなかを整理してみてください。買わなければいけないと思っていたものが、案外、家にあるもので代用できることがあります。

STEP 06

開業前に必要な資金を把握しよう

資金が少なくても開業できるおうちサロン

サロン開業には、通常は店舗を借りる資金や内装費などまとまった金額が必要になります。しかし、おうちサロンの場合は店舗は自宅。大きな内装工事も必要なく、さらに技術や経験があるなら、自己資金が少ない状態であっても開業が可能なのです。

とはいえ、仕事道具や備品など当然準備しなくてはならないものがあります。大きなお金でないとしても、準備にかかるお金、サロン運営に毎月かかるお金の額は、最初に把握しておきたいもの。おうちサロンではその気軽さから、つい資金繰りがルーズになりがちです。少し面倒かもしれませんが、必要な金額を予測することは、サロン運営をスムーズにしてくれます。

必要な資金を視覚化しよう

一般的にオープンまでに必要な費用には、内外装費、什器・備品費、広告・宣伝費などがあります。

おうちサロンの場合、内外装費は必要のないことが多いでしょう。最近は、プロに頼まなくても自分で簡単に貼ることができる壁紙などもあるので、費用をおさえることができます。什器や備品はベッドやタオル、仕事に必要な道具など必ず要るものもありますが、家具や雑貨などすぐに必要ではないものもあるので、よく選別をしましょう。広告・宣伝費はホームページやショップカードの制作費など。プロに頼まず、自分でつくる場合も印刷代などがかかったりします。広告掲載を考えている場合はその費用も必要です。また、最初から儲けを出すのはむずかしいので、開業資金とは別に経営が軌道に乗るまでの店の運営費を準備しておくと安心でしょう。

このように、開業に必要な資金を見える化することで、「意外とお金がかかる」「ここは予算をおさえられる」など、改めて気づくことがあるかもしれません。

開業資金を計算しよう

低コストで開業できるおうちサロンとはいえ、ある程度の資金は必要。
では、具体的にどれぐらい必要かを計算してみましょう。

〈 資金計算の例 〉

①什器・備品費	●施術用ベッド	70,000円	
	●イスとテーブル	50,000円	
	●インテリア雑貨	50,000円	
	●タオルとガウン	70,000円	
	●精油・化粧品	70,000円	小計 310,000円
②広告・宣伝費	●ホームページ制作	150,000円	
	●チラシ代	10,000円	小計 160,000円
③その他	●損害保険	15,000円	小計 15,000円

開業資金　合計485,000円

資金の見える化でムダが減る

こんなサロンにしたい！　という理想があるのはよいこと。しかし、はじめから完璧にしようとして、肝心なところで資金が足りない、なんてことでは台なしです。必要な資金を視覚化することで優先順位が決められ、ムダな出費をおさえることができます。

STEP 07

サロン用の通帳を用意しよう

経費は一つの通帳にまとめるとラク

開業に必要な資金がわかったら、お金を管理する方法も考えておきましょう。開業してからは何かと忙しく、お金の管理はつい後まわしにしてしまいがちです。開業前に自分のなかできちんとシステムをつくっておくと、後がラクになりますよ。

サロンのお金の流れをわかりやすくするためには、まず生活費とサロンの経費を完全に切り離すこと。そのためにおすすめなのが、サロン専用の通帳とカードをつくっておくことです。サロン運営に関するお金の出し入れはすべてその通帳にまとめると、サロンでの収入や出費もすべてこの一冊で把握できます。

さらに通帳を一つにしておくことのメリットは、確定申告で必要な書類づくりも簡単になること。こまめに記帳し、収入の内訳も手書きで通帳にメモしておくとよいでしょう。

もし、通帳の一本化がむずかしい場合は、会計ソフトなどを利用し、そこにまとめてもよいでしょう。インターネットで無料で使える会計ソフトもあるので、使いやすいものを探してみましょう。

開業前から記帳しよう

お金の管理は、開業前の準備資金を通帳に入れるところからはじめます。まずは準備資金のうち、どこまで自己資金でまかなえるかを計算します。もし資金がない場合は貯金からはじめるなど、できるだけ自己資金内でサロンを運営するのが理想です。

資金を借りる場合は、自分で出す資金と借りた資金がわかるように、別々に振り込んでおくとよいでしょう。必要なものを購入したとき、収入があったときなど、そのつど記録しておくと混乱せずに済みます。銀行などからお金を借りる場合は、月々の返済計画もしっかり立てながら管理をしましょう。

サロン用の通帳を用意すると便利

ふだん使う口座から経費を引き落としたり、複数の口座から引き落としたりするのは混乱のもと。サロン専用の通帳を用意しましょう。

✕ サロン用の通帳がないと……

サロンのお金とプライベートのお金が混在し、資金の流れがわかりづらくなります。月の経費などを計算するときに手間がかかったり、何の経費か忘れてしまったり、ムダな時間と労力を使います。

○ サロン用の通帳があると……

「サロンの経費はこの通帳で！」と決めておくと、資金の流れがわかるだけでなく、確定申告に必要な書類を作成する際にスムーズです。経営しているという意識がもてます。

サロン用の通帳のメリット

- 日々のお金の管理がしやすい！
- お金の流れが把握できる！
- 確定申告などの書類づくりがスムーズ！

STEP 08

サロン開業に必要な届け出

開業届けを提出する

事業をはじめるときは「個人事業の開業・廃業等届出書」、いわゆる開業届けを税務署に提出します。おうちサロンの場合は、自宅住所の所轄の税務署に行き、届出の区分を「開業」にして必要事項を記入し、提出すればOK。氏名、住所、職業、屋号、開業日、事業の概要などを記入し捺印すればよいだけなので、むずかしく考えなくても大丈夫です。「開業届出書」は税務署のホームページからもダウンロードできます。

開業後1か月以内の提出が原則とされていますが、その期間を過ぎてからでも受け付けてくれますし、とくに罰則もありません。「開業届出書」に、「青色申告承認申請書」の提出の有無を記入する欄があり、提出すれば確定申告の際に節税効果の高い青色申告を行なうことができます。青色申告するかどうかを検討し、早めに提出しておくとよいでしょう。

開業届け以外にも、業種によってはほかの届け出が必要なこともあるので、必ず事前に確認しましょう。

開業したら確定申告が必要

確定申告とは、あなたの納税額を決めるために、1年間の所得を税務署に申告すること。これにより税金の納付もしくは還付が行われます。会社員であれば会社がやってくれますが、自営業の場合は自分で行なわないといけません。事業所得の申告には白色申告と青色申告がありますが、前の文章でも少し触れたとおり、青色申告のほうが税制上の控除が受けられるため節税になります。

青色申告をする際は、自分で簡単にできる青色申告アプリやソフトがあるので、活用してみるとよいです。また、各地の青色申告会に入ると、税理士や会計士に確定申告や経営の相談ができたり、交流会や説明相談会に参加できたりします。

開業届け、確定申告とは？

「開業届け」「確定申告」と聞くと、なんだかむずかしそう……と敬遠しがちですが、提出しておくことをおすすめします。

開業届け

提出先 → 税務署

自宅住所の所轄の税務署に行き、開業届出書に「住所」「氏名」「職業」「屋号」「開業日」「事業の概要」を記入し、捺印して提出します。開業届出書は税務署で直接もらうか、税務署のHPからもダウンロードできます。開業後1か月以内の提出が原則です。

確定申告

提出先 → 税務署

確定申告には白色申告と青色申告があり、白色申告は事前申請の必要がなく、帳簿づけが比較的簡単です。青色申告は、事前申告や帳簿づけに手間がかかりますが、青色申告特別控除（最高年65万円）や赤字が繰り越せる（3年間まで）といった特典があるのでおすすめ。申告は原則、翌年の2月16日～3月15日に行います。

Point

会計ソフトを使うと便利！

お金の管理をする際は、会計ソフトを使うと便利です。フリーソフトもたくさんあるので、ぜひ試してみてください。とくに確定申告は、会計ソフトを使えばスムーズにできます。

STEP 09

損害保険への加入

お客様と自分を守る保険

損害保険といっても種類はさまざま。サロンの経営者を対象とした保険には、主に以下のものがあります。

- 施術によりお客様にケガなどをさせてしまった場合の補償
- サロン内で事故が起きたときの補償
- お客様の持ちものの破損に対する補償
- 販売した製品が合わなかったなどの生産物賠償補償
- 火災・盗難補償、災害などにより店を休業しないといけなくなった場合の休業損害補償

サロンとして使用しているスペースは自宅用の保険の補償外になるので、新たに加入する必要があります。そのほかに必要なのはお客様に対する補償。お客様のケガやサロンスペース内での事故、持ちものの破損などを補ってくれる保険を選ぶとよいでしょう。

もちろん、お客様にケガをさせることはあってはならないことですが、万全に注意を払っていても事故の可能性をゼロにすることはできません。安心を買うつもりで入っておくことをおすすめします。

サロン対象の保険を調べておく

サロン向けの損害保険は各社にあり、業種により掛け金が異なることも。掛け金や補償金額をしっかり把握し、必要だと思う種類の保険に加入しましょう。

個人で加入するほか、団体で加入することもできます。日本エステティック協会や日本アロマコーディネーター協会など、各協会の会員になると損害保険に団体加入でき、掛け金がお得になることがあります。その場合は、補償金額が十分であるかをよく確認してから加入してください。

また、保険で補償できる範囲、できない範囲をホームページなどに明確に記しておき、施術前にお客様に伝えておくとトラブル防止になります。

"もしも"のための損害保険

施術中などの事故やケガをゼロにするのはむずかしいもの。
万が一を考えて、安心を買うことも視野に入れておきましょう。

損害保険への加入方法

①個人加入

②各協会の団体加入

〈例〉・日本エステティック協会
・日本アロマコーディネーター協会

サロン経営者を対象にした保険

- 施術によりお客様にケガなどをさせてしまった場合の補償
- サロン内で事故が起きたときの補償
- お客様の持ちものの破損に対する補償
- 販売した製品が合わなかったなどの生産物賠償補償
- 火災・盗難補償、災害などにより店を休業しないといけなくなった場合の休業損害補償

Point

補償範囲を事前に伝えてトラブル防止！

サロンの案内ページで、補償できる範囲をお知らせしておきましょう。お客様に事前に伝えておき理解していただくことで、万が一のときにトラブルが拡大することを防ぎます。

STEP 10

サロンの存在を知ってもらおう

おうちサロンでも宣伝は必要？

おうちサロンは小規模だから宣伝なんて必要ないのでは……なんて思っていませんか？　そんなことはありません。おうちサロンは大手のサロンと違って、駅前にあるわけでも、大きな看板があるわけでもありません。通りすがりの人が店（家）先で足を止めて入ってくることは、そうそうありませんよね。おうちサロンこそ、たくさんの人にその存在を知ってもらい、「行ってみたい」と思わせる努力が必要です。

せっかく心を込めてつくったサロンです。多くの人にその存在を知ってもらえるように、宣伝方法を考えましょう。まずはコストがかからないブログやフェイスブックページでの宣伝からはじめるのがおすすめです。

情報は広く、ターゲットは狭く

おうちサロンの経営は基本的に一人です。1日に受け入れることのできる人数は限られているので、本当にサロンを必要としている人に、必要な情報が届くような工夫をしましょう。できるだけ多くの人にサロンを知ってもらいたいと万人に受ける宣伝をしても、ターゲット以外のお客様が来店してしまっては、顧客満足度も下がり、クチコミも期待できません。サロンのターゲット層に合った集客方法を選ぶことが大切になります。

たとえば、おうちサロンの魅力は、「わたしだけが知っている」という特別感やアットホーム感、カウンセリングから施術までマンツーマンでケアしてもらえる安心感などです。お客様に親近感をもってもらえるような宣伝が合っていると言えるでしょう。

自分のおうちサロンの〝売り〟をもう一度よく考え、そのよさを理解してくれるお客様に届くような宣伝方法を選びましょう。詳しい方法については、パート5を参考にしてみてください。

サロンの存在をアピールすることが大切

**開業準備をしていると、意外と忘れがちなのがオープンの告知。
早めにお知らせするようにしましょう。**

①サロンの売りを再確認する

まずは、自分のサロンの売りを再確認します（▶P.58）。駅から近くて通いやすい、変わったメニューがあるなど、サロンの魅力をどんどんアピールしましょう。

⬇

②ブログやFacebookページで集客する

ブログやFacebookページなどは、コストがかからないので最初の集客ツールとしておすすめです。

⬇

③ホームページをつくる

制作に時間と労力がかかるHPは、徐々に完成させていきましょう。オープン後でも大丈夫です。

⬇

④チラシや広告で集客する

必要に応じて、チラシや広告などコストがかかる宣伝方法を取り入れます。チラシは近隣の店などに置いていただくと効果的です。

Point

オープン前の過程を載せて、親近感アップ！

ブログは開業準備の話からすると、親近感がぐっと増して「行ってみたい」と思っていただきやすいです。ワクワクする話から、苦労したことまで投稿してみてください。

STEP 11

ロゴ、名刺をつくってみよう

素敵なロゴでブランド力をアップ

ロゴって本当に必要？　と疑問に思うこともありますよね。なぜロゴをつくったほうがよいのかというと、第一印象がよく、覚えてもらいやすいからです。ロゴが入っているホームページとロゴのないホームページでは、きちんとした会社だなと思うのは、やはりロゴ入りのほうではないでしょうか。とくに、おうちサロンは隠れた存在です。ロゴを作成してホームページや名刺に使うことで安心感や信頼度がぐっと増します。ぜひ、つくっておきましょう。

ロゴのデザインは、サロン名だけのシンプルなものと、マークとして使えるデザイン性のあるものの2タイプをつくると重宝します。また、ロゴは基本的には長く使い続けるものなので、お金をかける価値があります。思い切ってプロの方にデザインをお願いするのもよいでしょう。

名刺は宣伝ツールになる

名刺は、あなたの仕事、顔、名前を覚えてもらうための大切なツール。名刺を見た人が「このサロン、行ってみたいな」と思ってくれるものをつくりたいですね。

名刺にはサロン名とロゴ、自分の名前、営業時間、住所（可能な範囲）、連絡先に加え、サロンの写真やキャッチコピーなどを入れてもよいでしょう。もし顔を出すことに抵抗がないなら、顔写真を入れて覚えてもらうという手もあります。ただ、情報を入れすぎてしまうと、かえって何も伝わらないもの。名刺は面積も小さいので、びっしり埋まっていると見る気をなくしてしまいます。必要のない情報はそぎ落とし、見やすいデザインを心がけましょう。

パソコンの名刺作成ソフトや、ネット上で簡単につくってプリントまでしてくれる会社もあります。サロンのイメージに合うものをつくってみましょう。

名刺をつくるときのポイント

名刺はセラピストとサロンの顔。3つのポイントをおさえて、
自分のオリジナルのデザインを考えましょう。

〈表面〉

①何をしている人かわかるもの

資格だけでは伝わらないことも多いです。

②サロンのイメージに合ったデザイン

名刺を見て「あの人！」と思い出せるデザインにすると◎。

〈裏面〉

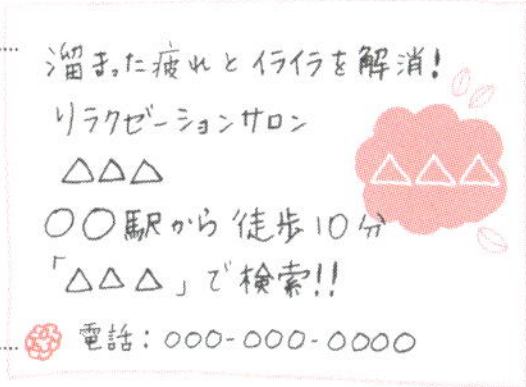

③必要な情報に絞る

予約をしてほしいなど、渡した人に伝えたい情報だけ載せます。

ロゴをつくるときのポイント

ロゴはサロンのイメージをダイレクトに伝える役割があります。
ロゴをつくるときの基本のポイントをおさえましょう。

①要素をつめこみすぎない

要素がありすぎるものは、ロゴとして認識されません。

②縮小してもつぶれないもの

名刺サイズくらいまで縮小したときにつぶれるものはNGです。

③モノクロでコピーしてもOKなもの

コピーすることを想定して、モノクロでも伝わるデザインにしましょう。

ありがちな失敗はこう回避！

サロン名が商標登録されていた！

想いを込めて考えたサロン名。すでに商標登録されていて、サロン名を変えなければいけなくなった失敗もよくあります。

失敗例

「商標権侵害の警告書」が送られてきました。

突然、「商標権侵害の警告書」という書類が家に届き、よく読むと相手の登録商標に対し、自分のサロン名が商標権侵害しているとのこと。このまま使用を続けたら訴えると言われ、どうしたらよいのか困っています。

これでOK！

特許庁のサイトで商標検索をしましょう！

登録商標は、使用していても相手からの警告書がなければ、そのまま使用できる場合もあります。しかし、権利を侵害している事実には変わりありませんし、突然に勧告書が送られてくる恐れが常にあります。商標権を侵害してしまうと、多額の賠償金の支払い、営業停止、店名の変更などのさまざまな罰則が発生します。そういったトラブルを起こさないために、サロン名を決めるときは特許庁のサイトで商標が登録されていないか、必ず調べましょう。

もし警告書が送られた場合は慌てず、その商標権が存在するのか、存在していても有効であるか確認するように。商標権がないのに訴えて来る詐欺業者が存在しますので、注意が必要です。また、自己判断での行動は避け、商標を専門としている弁理士や弁護士に相談して進めるようにしましょう。警告書の内容によっては、負担を最小限におさえることができます。

Part
3

失敗しない価格設定とメニューづくり

サロンの商品となる「メニュー」。
自分が納得でき、
お客様に喜んでいただける内容にしましょう。
価格設定も「失敗した！」と後悔しないように、
慎重に決めましょう。

STEP 01

相場をチェックする

まず相場を参考にしよう

おうちサロンのメニューを決める際に、相場を調査することは大切です。相場を調べるときは、サロンの形態（一軒家なのか、マンションやアパートなのか）や地域、家族構成などが似ているサロンを参考にするとよいでしょう。

しかし、安易にまわりと同じ価格帯にするというのは、他店との差別化ポイントを一つつぶしてしまうことになります。まわりと違う価格帯のほうが「どうして？」と、メニューに強い興味をもってもらえます。

とくにおうちサロンの場合、その特徴から、チェーンのサロンや格安マッサージ店と時間と金額だけを比べて「高すぎるのでは？」と悩む人が多いかもしれません。しかし、安くすればするほど競合店が増え、熾烈な価格競争に参戦することになります。「安ければお客様が来る」という考えは捨てましょう。

サービスを安売りしない

自宅だから、駅から遠いから、家が古いから、子どもがいるから……と、安くしないといけないという思い込みをしがちですが、おうちサロンに限らずどこのサロンでもマイナスポイントはあります。マイナスポイントがあることは、値引きをしなければいけない理由にはなりません。

「安いから」で来たお客様は、もっと安い店ができればすぐに来なくなるでしょう。長く通い続けてくれるお客様は「安いから」ではなく、セラピストの個性や人格、技術、接客サービスなど数値化できない部分に魅力を感じてくれているはずです。あなたのおもてなしを心の底から求めている人が必ずいます。その方にサロンの存在を伝えることができれば、値引きや安売りなどをしなくても、きちんとサロンに通ってくれるのです。

同じような「おうちサロン」を参考にする

比較する条件

- サロンの形態
（一軒家、マンション、アパート）
- 同じ地域、
または同じ地域性の場所
- 駅からのアクセスや、
駐車場の有無など
- 家族構成
- セラピストのキャリア
- 開業して3年前後のサロン

価格を設定するときは、同じようなサロンを参考にしましょう。上に挙げた比較条件をチェックし、似ているサロンを探してみてください。そのサロンの価格を基準に、どんな価格設定にするかを考えていきます。

ココに注意！

**まわりに
流されすぎない！**

周囲の相場を参考にするのはよいのですが、流されすぎないことも大事。「あのサロンが安いから、安くしなきゃ」と、無理な価格設定をしないように注意しましょう。

STEP 02

経費を計算する

経費は長い目で見る

メニューをいくらにするか考える前に、まずはサロンでかかる経費をひと通り計算する必要があります。

今、家にあるものを使うから経費はかからないと考えてしまう人も多いですが、化粧品や精油などの消耗品はいずれなくなりますし、洗濯機やエアコンなどの家電も長年使用すれば買い替えが必要になってきます。1年後、3年後、5年後……と、長いスパンで考えて、経費を計算することが大切です。

経費として考慮しておきたいもの

お客様ごとにかかる経費としては、化粧品や精油、コットンや使い捨てショーツなどの消耗品、お茶など。一人分の価格の概算を計算します。お茶をこぼしたりすることもあるので、少し余裕をもって計算しましょう。

毎月の経費で考慮したいのは、サロンで使用する分の電気代や水道代、電話代、インターネットのプロバイダ代、ティッシュやトイレットペーパー、洗剤類など。毎月1～2回、ほかのサロンに勉強を兼ねて行けるように予算を組むこともおすすめです。

毎年の経費としては、損害保険料、各協会の年会費や年賀状代などがあります。

そのほか、不定期で忘れがちな経費には、タオルなどの備品の買い替え、チラシや名刺のデザイン印刷代、交流会の参加費、セミナーなどの研修費と交通費など。サロンやお客様のために、学びたいことを学ぶ余裕をつくりましょう。

おうちサロンの場合、将来的にリフォームをしたいと希望される人も多いでしょう。施術ルームやトイレなどのリフォーム費用も、長期計画を立てて予算に組み込んでおきましょう。洗濯機とエアコンは通常の家庭より買い替えペースが早くなるので、予算を多めにとっておくと安心です。

どんなものが経費になる？

おうちサロンはほとんど経費がかからないと考えてしまいがちですが、
消耗品や光熱費のほかにも考慮しておきたいものがあります。

お客様ごとにかかる経費	化粧品／精油／コットン／使い捨てショーツ／お茶 など
毎月の経費	電気代／水道代／電話代／インターネットのプロバイダ代／季節感を出す小物、花／ティッシュペーパー／トイレットペーパー／洗剤類 など
毎年の経費	損害保険料／各協会の年会費／HPのシステム利用代／年賀状代 など
不定期な経費	タオルなどの備品の買い替え／チラシや名刺のデザイン印刷代／セミナーや講座などの研修費／交通費 など
長期的な予算	施術ルームなどのリフォーム代／洗濯機やエアコンなどの買い替え代 など

STEP 03

1か月の顧客数を考える

1日の顧客数を考える

メニューの価格設定をするためには、1か月に対応できる顧客数を考える必要があります。

まず、1日の稼働時間を考えてみましょう。たとえば、家事や育児が一段落してサロン業務をはじめられるのが9時、保育園のお迎えが18時の場合。お客様を迎える準備があるので、早くても10時が朝イチのご予約になるでしょう。お客様のペースを大切にするおうちサロンの場合、お客様の滞在時間は3時間以上になります。

次のお客様との間に掃除や昼の休憩を含めると、かなりスムーズに進められても1日2名が限界。さらに、ブログやSNSなどの更新、ニュースレターや翌月のキャンペーンの準備など、さまざまな雑務をする時間も稼働時間に含める必要があります。

また、お客様ごとにタオルの洗濯が必要なメニューがある場合、洗濯するペースもキーポイント。1日2名だと、日に2~3回は洗濯することになり、施術用の大判タオルを何枚も干すスペースが必要です。家族分の洗濯の時間とスペースも考えなければいけません。

1か月の稼働日数を考える

1日に施術できる人数が把握できたら、月の稼働日数を考えます。ここで忘れないでほしいのは、サロンで施術や接客をする以外の仕事がかなり多いこと。技術のブラッシュアップや知識を増やすためのセミナー受講、ホームページやチラシなどのリニューアル作業、新規メニューやサービスを検討するための施術体験、経理や経営の相談、業務用品の仕入れなど。週に1日程度は「接客をしない仕事日」が必要になります。

年に数回は家族旅行にも行きたいですし、自分や家族が風邪をひいたり、子どもの学校の行事に参加したりすることも。それらの分も含めて計算しましょう。

1か月の顧客数の出し方

1か月の顧客数を出すために1日の稼働時間、1日の施術人数、
1か月の稼働時間を予測します。そこから月の顧客数を計算します。

①1日の稼働時間を考える

保育園のお迎えの時間など、決まっている時間からスケジューリングします。

②お客様一人あたりの滞在時間を考える

カウンセリングから施術、着替えまでのおおよその時間を出します。

③接客以外の雑務時間を考える →1日の顧客数がわかる

洗濯、ブログ更新、メールチェックなどにも意外に時間がかかります。

④接客しない仕事日を考える →1日の稼働日数がわかる

仕入れ、セミナーへの参加など「接客をしない仕事日」をつくっておきます。

1日の顧客数 × 1か月の稼働日数 ＝ 1か月の顧客数

アロマサロンの例で考えると……

- 1か月の稼働日＝17日
  （1日2名＝6日、1日1名＝11日）
- 1か月の顧客数
  2名×6日＋1名×11日＝**23名**

STEP 04

一人あたりの原価と経費を計算する

一人あたりの原価と原価率の計算

次に、お客様一人あたりの原価と経費を計算します。一人あたりの原価と経費を知ることで、サロンにとってもお客様にとっても、よりよい価格設定やサービス、キャンペーンができるようになります。細かくて手間にはなりますが、計算しておくとよいでしょう。

まずは、お客様一人あたりの原価を計算します。仮に、各メニューで使うものとその量、数をすべて書き出し、それぞれ合計いくらになるかを計算します。たとえば、ボディに使う精油が20種類あれば、その平均金額を出して、さらに1滴の単価を出します。「トリートメントに使う滴数×1滴単価」で、1回のトリートメントメニューに必要な精油の原価がわかります。

原価がわかると「原価率」を計算することができます。この原価率も価格設定の目安になり、おうちサロンの場合、原価率は30％程度のことが多いです。

一人あたりの経費の計算

一人あたりの原価がわかったら、次は一人あたりの経費を計算します。まずはメニューにかかわらず、それぞれの経費を顧客数で割ります。

① 毎月の経費÷1か月の顧客数
② 毎年の経費÷年間の顧客数（1か月の人数×12か月）
③ 不定期な経費÷年間の顧客数
④ 長期的な経費÷3年間程の合計顧客数

①～④の計算式で出た数字の合計が、一人あたりの経費になります。これで、各メニューの一人あたりの経費＋原価（売上原価）がわかります。

原価も経費も、後で「計算し忘れた！」というものが出てきますし、使用する粧材や消耗品の値上げなどもあります。一度計算したらそれっきりではなく、見直しやほかの人に見てもらう機会をつくることも大切です。これをもとに、次は客単価の計算をします。

一人あたりの原価の計算方法

お客様ごとにかかる経費について、一人あたりの額を求めましょう。

①各メニューで使う消耗品の平均金額を出す

〈例〉精油20種類の平均金額…3,200円

②使う消耗品の単価を出す 全ての消耗品について計算します

〈例〉精油1滴の単価…3,200円÷200滴＝16円　※1本10mlの場合

各メニューで使う量 × 単価 ＝ 一人あたりの原価

〈例〉1回のトリートメントに使う滴数（8滴）×1滴単価（16円）＝128円
→1回のトリートメントに必要な精油の原価

〈原価率の計算式〉

原価率（％）
＝売上原価（一人あたりの原価）÷売上高（メニュー価格）×100
→おうちサロンの場合、原価率は30％が目安です。

一人あたりの経費の計算方法

予約がなくてもかかる経費＝固定費について、一人あたりの数字を出します。

①毎月の経費を1か月の顧客数で割る
②毎年の経費を年間の顧客数で割る
③不定期な経費を年間の顧客数で割る
④長期的な経費を3年程度の顧客数で割る

合計 ➡ 一人あたりの経費（固定費）

【原価率】商品（メニュー）の価格に占める、売上原価の割合。

STEP 05

メニューの客単価を計算する

一人あたりの利益額を出す

各メニューの一人あたりの原価と経費が計算できたところで、次はメニューの客単価を計算します。メニューの客単価を出すためには、一人あたりの原価と経費（固定費）のほかに、「一人あたりの利益額」が必要です。「一人あたりの利益額」とは、1か月にほしい収入額を1か月の顧客数で割った数字です。

1か月にほしい収入額を考えるときは、〝ギリギリ生活ができる〟という金額ではなく、自分の一生の仕事としてのやりがいと、生活の充実感が得られるために必要な金額を設定しましょう。日々、ホスピタリティと心からのおもてなしをするためには、セラピストにも心の余裕が必要だからです。

客単価は余裕をもって設定する

一人あたりの利益額がわかったら、メニューの客単価を計算します。客単価は「一人あたりの原価＋経費（固定費）＋利益額」の合計でわかりますが、ここで注意したいのが〝計算で出た数字をそのまま客単価にしない〟ということ。一人あたりの経費（固定費）や利益額を計算する際には1か月の顧客数で割りますが、この1か月の顧客数というのは、計画どおりに予約が入った場合の数字です。予約が入らない日もありますし、お客様のキャンセルや日程変更もあるでしょう。このことを考慮しておかないと、「計画していた顧客数を一人でも割り込んだら、生きていけない！」なんてことになりかねません。生活に追われて疲れきったセラピストでは、お客様に満足してもらえませんよね。

また、お客様の誕生日など、特別な日のサービスにかかる費用、ポイントカードやキャンペーンなどで割引をする余裕をあらかじめつくっておくことも必要です。つまり、計算式の合計の1.2〜2倍くらいの設定が基本となります。

一人あたりの利益額の計算方法

1か月にほしい収入は、生活に少し余裕をもてるくらいに設定しましょう。
誕生日のサービスやキャンペーン割引などができる余裕も含めます。

1か月にほしい収入 ÷ 1か月の顧客数※ ▶P.90〜P.91 ＝ 一人あたりの利益額

〈例〉200,000円÷23名＝約8,700円

※1か月の顧客数は、計画通りに予約が入った場合の数字です。

客単価の計算方法

一人あたりの原価、経費（固定費）、利益額を合計します。
1か月の顧客数が少なくなることも考慮し、1.2〜2倍の数字を客単価とします。

一人あたりの原価 ▶P.92〜P.93 ＋ 一人あたりの経費（固定費） ▶P.92〜P.93 ＋ 一人あたりの利益額

↓ × 1.2〜2

客単価

〈例〉（3,000円＋5,500円＋8,700円）× 1.2＝20,640円

STEP 06

黒字になる売上額を把握する

損益分岐点から売上目標額を決める

次に「損益分岐点」を把握しましょう。損益分岐点とは、収支のグラフで、売上高（メニュー価格）と総費用が同じになるポイントのことを指します。つまり、黒字と赤字の境になる「点」です。

　何のために損益分岐点を出すのかというと、損益分岐点の売上高に自分が必要な所得（給料）を足した金額が、サロンの売上目標額となるからです。目標額がわかれば、必要な所得を得るためにあとどのくらいがんばる必要があるのかわかりますし、キャンペーンや集客についても指針ができます。

「損益分岐点」とは耳慣れない言葉だと思いますし、関数グラフを見た時点で「むずかしそう」「興味ない」と避けてしまいがちです。しかし、損益分岐点を把握しておくことは、おうちサロンを経営するうえでとても大切なことなのです。

赤字と黒字の境を知ろう

計算式にすると、「損益分岐点＝経費（固定費）÷｛1－（売上原価÷売上高）｝」となります。ここでの売上原価とは、92ページで計算した「一人あたりの原価」のことを指します。経費（固定費）に売上原価を足した額が、総費用です。総費用より売上高が少ないと損失＝赤字になり、総費用より売上高が多いと利益＝黒字。その、赤字と黒字の境が「損益分岐点」となります。経費（固定費）は施術人数にかかわらず一定なので、グラフでも横帯のようになっています。売上原価は、施術人数が増えると総額が増えるので右上がりになります。

　おうちサロンの場合、施術できる人数が店舗サロンよりも少ないので、できるだけ少ない人数で「損益分岐点」をクリアして利益が出るようにすることが、経営の安定化の重要なカギとなります。

損益分岐点の求め方

**黒字と赤字の境となる金額＝損益分岐点がわかると、
サロンの売り上げ目標となる金額が明確になります。**

〈 損益分岐点の計算式 〉

損益分岐点＝経費（固定費）÷｛1－（売上原価÷売上高）｝

損益分岐点をグラフ化すると……

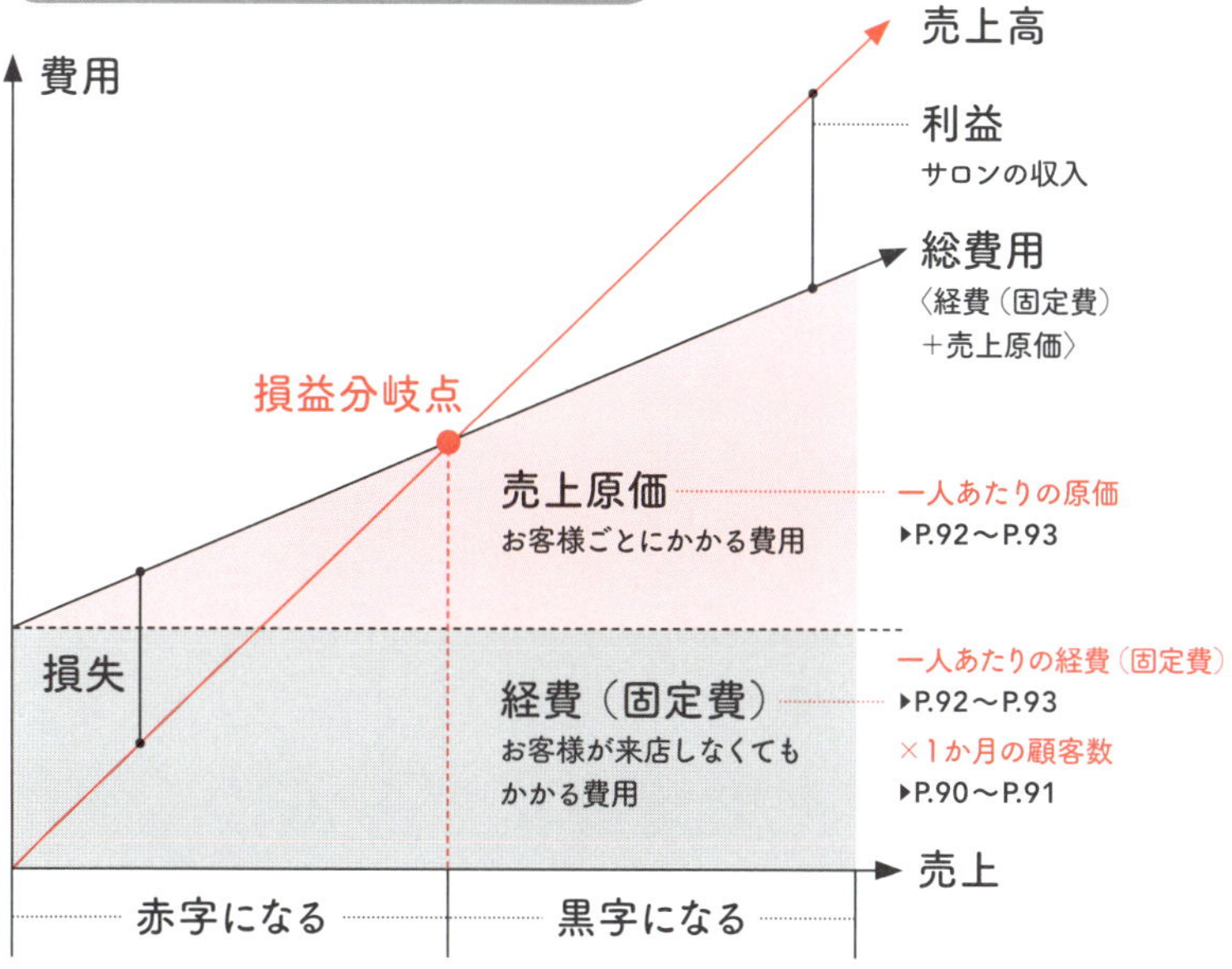

電気代や水道代などの経費（固定費）に、オイルや化粧品など消耗品の売上原価を足したものが、総費用です。総費用と売上高が交わる点を「損益分岐点」と言い、損益分岐点を境にして売上高が多いと黒字に、少ないと赤字になります。

STEP 07

サービスに見合った価格設定

おうちサロンの特色を考慮する

客単価を計算し、損益分岐点で利益が出るポイントも把握しました。いよいよメニューの価格設定です。

家賃などが不要なおうちサロンは、固定費は少なくおさえられます。しかし、ゆったりのんびりしていただくことを目的としている場合が多いため、稼働率が低くなり、一人あたりの経費の配分は多くなります。つまり、薄利多売のサロンよりもメニューの価格設定が高くなりやすいのです。

また、大手サロンやチェーンのサロンと違って大量仕入れができないおうちサロンは、家賃などの経費がかからなくても、原価率は上がりやすくなります。それらを踏まえて計算し、適切な価格設定をしましょう。

信用を安売りしない

これらを理解していても、「通っていただきやすい金額にしよう」「値段が高いと来てくれない」「ママはお金がないから……」と不安に感じて、価格を安くしてしまう人がいます。しかし、利益のほとんどない価格設定で喜んでいただけたとしても、セラピスト自身の生活が成り立たなければ、お客様と最適な関係性を築けていないといえます。

「お金＝信用」です。信用を安売りすると、せっかく学んだ技術や知識、セラピーやサロンへの想いそのものまで信用できないものと判断されてしまいます。たとえ家族の収入があり、それほど利益が必要ない場合でも、適切な金額の収入を得られることが、より質の高いサービスをするモチベーションになるのです。

この本を手に取ったあなたも技術や知識を一生懸命に学び、よりよいサービスをしたいと努力されているはずです。その価値に見合う価格と、黒字になる価格のバランスを見極めて、メニューの価格を設定することが大切です。

自分で自分の価値を落とさない

「たくさんの人に来てほしい！」と安易に価格を下げることは、
じつはセラピストとしての価値を落としていることになるのです。

利益がない価格設定

「値段が高いと来てくれない」と不安に感じて、サービスに対して安い価格設定をする。

↓

自分のサービスの価値が伝わらない

どんなによいサービスをしても、安さを理由に来られるお客様の場合は、さらに安いサロンがあればそちらへ行ってしまいます。

質に合った価格設定

まわりの意見に流されず、施術にかかる時間とお金、サービスに見合う価格を設定する。

↓

自分のサービスの価値が伝わる

あなたのサービスの価値を理解し、必要としている方は、価格が高いという理由だけで離れていくことはありません。

↓

サービスの安売りをしないことで
本当に信用されるサロンになる

STEP 08

メニューづくりの考え方

悩みを解決するメニュー

価格設定ができたら、実際にメニューをつくっていきます。メニューをつくるときは、まずターゲットに人をイメージすることからはじめます。

「だれにでも来てほしい」「どんな人にでも役に立つサロンでありたい」という理想はあってよいのです。しかし現実問題として、一つのメニューですべての人の願望をサポートすることは不可能です。たとえば、同じ〝ダイエット〟というテーマでも、20代と50代では必要なケアが違います。さらには同じ年代でも体格、体重、運動の有無、目標値の設定が違えば必要なことは変わりますね。

まずは「どの世代」の「どんな生活習慣の悩みを解決するメニューにするか」を決めることが大切になります。あなたのサロンのターゲット層を軸に、解決策となるメニューを考えていきましょう。

集客ツールに合わせたメニュー

単なるリラクゼーションでは、余裕のあるときや気が向いたときにしか利用してもらえないでしょう。とくにインターネットで集客する場合、お客様は何か解決したい悩みや不安、不調があってサロンを探しています。単に暇だから、近所のサロンを探そうという人はほとんどいません。そのため、「だれの、どんな悩みが解決するサロンか」ということがはっきりわかるサロンほど、集客率が高くなります。

チラシや地域情報誌などの広告の場合は、サロンを探していない人やサロンに興味がない人なども多く目にします。その場合は「だれの、どんな悩みを解決するサロンか」ということを打ち出すことよりも、「今」必要なケアとそれをする必要性をアピールすることが大切です。どれだけ「今」感が出せるかが、集客率を左右するのです（→136ページ）。

お客様が行きたくなるメニューをつくろう

お客様に「行ってみたい」と思っていただくには、
サロンの目的がしっかりしていることが大切です。

①ターゲットをイメージする

「どの世代か」を明確にすると、お客様を選びやすくなります。

②お客様はどんな悩みをもっているか考える

同じ年代でも悩みの内容は違うので、具体的なものに絞ります。

③悩みの解決策を考える

お客様の悩みに対して、自分は何ができるかを考えましょう。

“だれの、どんな悩みが解決するサロンか”が明確になる

お客様があなたのサロンを選びやすくなる

Point

不特定多数の人には「今」感をアピールする

サロンを探していない人も目にしやすいチラシや地域情報誌では、「今」必要なケアとその必要性を紹介すると◎。「行ってみようかな」という気持ちになりやすいです。

STEP 09

コンセプトに合ったメニューづくり

お客様の視点でメニューを考える

おうちサロンの場合は技術や粧材、サービス以上に、じつはセラピストのパーソナリティの魅力でリピートするお客様が多いのです。

また、流行をどんどん取り入れるよりも、セラピストがそのよさを実感し、自信をもっておすすめできることが、サロンが選ばれる理由になります。

「どのくらいのペースで」「何回ぐらい受けると効果が体感できるメニューか」を決めるときは、サロンへの通いやすさを考慮する必要があります。

当日予約不可の完全予約制で、アクセスがよくないことの多いおうちサロンは「落ち着いて、ゆっくり過ごしてもらう」というコンセプトが合います。わざわざ行くなら短い時間のコースよりも、少し長めのコースでゆっくり過ごしたいものですよね。お客様の視点で、一つ一つ考えていきましょう。

メニュー名と時間、金額のバランスを考える

できる技術をすべて並べてメニュー化するより、ターゲットのお客様の悩みや不安を解決できるメニューであることが大切です。同じダイエットコースでも、体重を落とすのか、体を引き締めるのか、全身か部分やせかなど、目的や効果は違いますよね。

だれのためのメニューか、ということも掘り下げて考えていきましょう。たとえば、コンセプトが「20代女性のためのダイエットサロン」なら「ビキニの映えるボディに！」というキャッチコピーが合いますが、50～60代の女性向けだと違和感がありますよね。

また、「ゆったり過ごす全身ボディトリートメント」が40分コースだったり、「特別な日のぜいたくフェイシャル」が３０００円だったり、キャッチコピーと時間や金額のバランスが取れていないメニューは、お客様も違和感を覚えてしまいます。

コンセプトに合ったメニュー内容にする

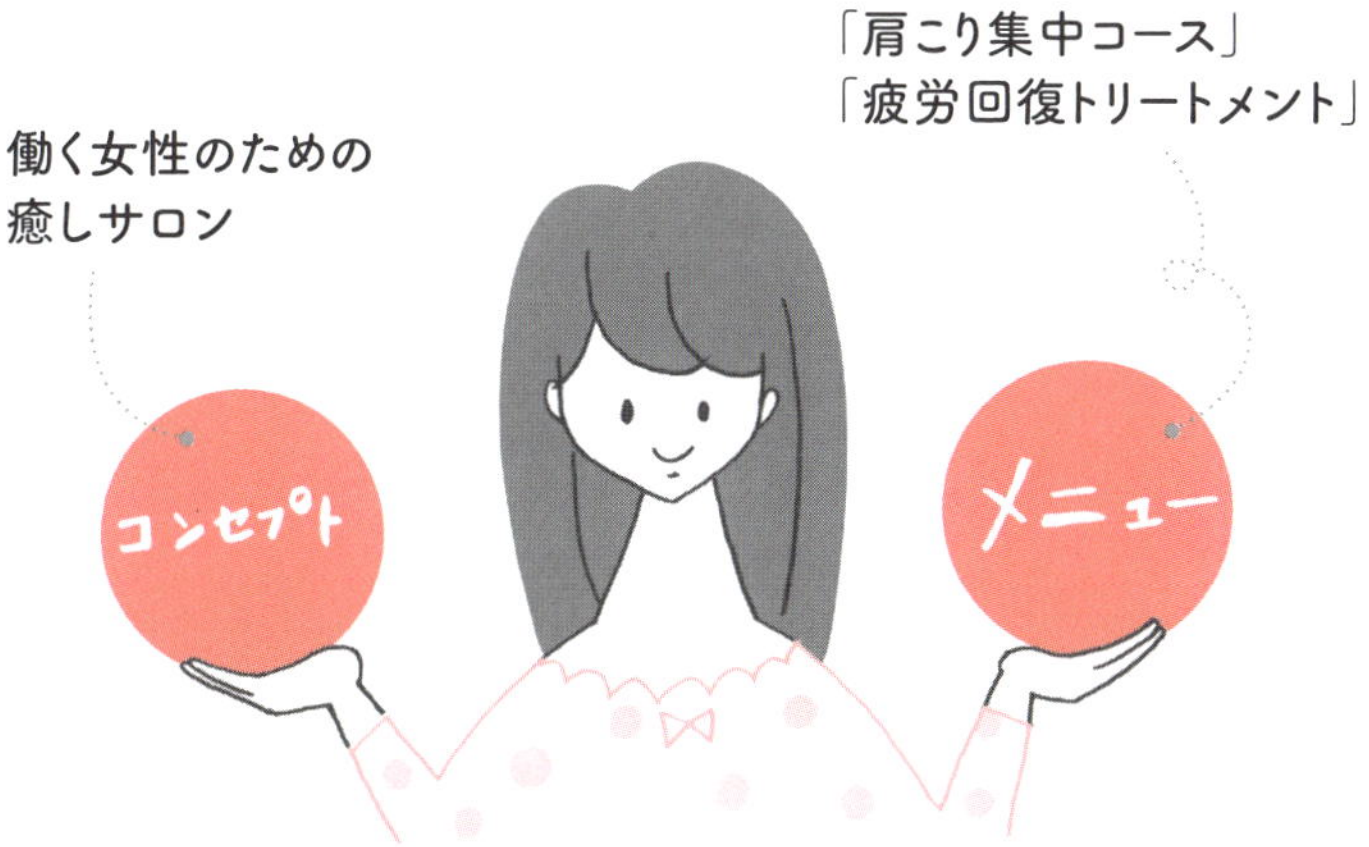

完全予約制で、アクセスが悪いことが多いおうちサロン。「ゆっくり過ごしてもらう」というコンセプトに合わせて、長めのコースを用意しておくとよいでしょう。ほかにも、自分が決めたコンセプトから外れていないかチェックをしながら、メニューを決めていきます。

キャッチコピーは時間と金額のバランスが大切

メニューのキャッチコピーを考えるときは、時間と金額に合った言葉を選ぶようにしましょう。「じっくり全身ボディトリートメント」が40分コースだったり、「誕生日のスペシャルケア」が3,000円だったりしてバランスが取れていないと、お客様に不安や違和感を与えてしまいます。

Point

サロンの雰囲気に合ったキャッチコピーを

キャッチコピーはサロンの雰囲気に合わせて考えると、さらに◎。南国や和テイストなど、サロンのイメージに合う言葉を入れるのも、雰囲気が出てよいですね。

STEP 10

メニューの内容を具体化する

モニターでメニュー内容を実践してみる

具体的にメニューの内容を決める場合は、モニターを募集して実践してみることをおすすめします。時間配分や施術効果などは、実際に施術してみてはじめてわかることも多いのです。とくに売りとしたいメニューや、いちばん人気になりそうなメニューだけでも試しておきましょう。

メニューをつくるときは、各工程に必要な粧材、時間、コスト（金額）、効果といった情報をエクセルなどの表などにまとめておくと、新しいメニューを考える際の計算がラクになりますよ。

メニューのバリエーションを考える

「アロマボディトリートメント」といった一つの技術での時間配分は、10分刻みなどにしてしまうとそれぞれのメニューの違いがわかりにくいです。そのため、30分か60分刻みにするサロンが多いですが、施術を受けたお客様が効果をしっかり体感できて、結果が出せる時間配分にしましょう。

複数の技術を提供できるサロンなら、バラバラの単発メニューだけでなく、お客様の気分や体調、体質に合わせて技術を自由に組み合わせできる「プリフィックススタイル」や、完全オーダーメイドのコースを用意することもおすすめ。逆に、一つの技術だけしかできない場合は、部位ごとの時間延長や、ちょっとしたオプションサービスなどを用意するとバリエーションが増えます。また、ターゲットの悩みに合わせて、どこかの部位を集中的に仕上げるコースなども、サロンコンセプトを反映したメニューになりやすいです。

定番メニューのほかに季節に合わせた限定メニュー、ブライダルや記念日コースなどを用意すると、既存客が飽きるのを防いだり、休眠客の掘り起こしのきっかけになったりします。

メニューを具体化するときのヒント

メニューのバリエーションを増やすとき、以下のことをヒントにしてください。

①結果がわかる時間配分

施術を受けたお客様がその効果、違いをしっかり体感できる配分にしましょう。

②オーダーメイドコースを用意する

複数の技術をもっているセラピストなら、お客様の気分や体調、体質に合わせて技術を組み合わせできるオリジナルのコースを用意することもおすすめ。

③オプションサービスを用意する

"一つの技術だけ"というセラピストは、部位ごとの時間延長や、ちょっとしたオプションサービスを用意するとバリエーションが増えます。

④部分集中コースを用意する

ターゲットの悩みに合わせて、どこかの部位を集中的に仕上げるコースを用意することも、コンセプトを反映したメニューになります。

⑤季節限定や記念日などの特別コースを用意する

既存のメニュー内容に飽きるのを防いだり、休眠客の再来のきっかけになります。

Point

各工程の情報をまとめておくと便利！

新メニューを考えるとき、コストなどを一から計算するのは面倒。はじめにメニューをつくるときは各工程に必要な粧材と時間、コスト、効果などの情報をエクセルなどの表にまとめておくと便利です。

STEP 11

効果的なメニューの見せ方

わかりやすいメニューづくり

メニューの基本は、わかりやすいこと。素敵なキャッチコピーやネーミングなどは必須ではありませんが、「アロマボディトリートメント60分8000円」では一体どんなトリートメントなのか、説明がまったく足りません。時間と値段しか判断基準がないため、目的をもってサロンを探しているお客様の心に響きません。お客様にとって、いかに自分の悩みや不安を解決してくれるメニューであるか、わかりやすくて選びやすいかが集客率とリピート率に影響します。

メニュー名も読みやすくて覚えやすい、内容を反映したものにしましょう。複数のメニューがある場合は、その違いがメニュー名でわかることも大切。たとえば、精油の名前をメニュー名にするアロマサロンが多いですが、一般の人は精油の値段を知りません。ローズ、カモミール、ラベンダーと並べられても、どれがいちばん高価なメニューか判断するのはむずかしいのです。また、「しっかりアロマ」「じっくりアロマ」「ゆったりアロマ」など、順位づけや差別化がむずかしいメニューを並べることも、違いがわかりにくく不親切です。

お客様が比較しやすいことが重要

自分の技術の特徴と効果や目的が、ターゲットのお客様にとって必要なものであることをわかりやすく伝えることが、メニューをつくるときには大切です。

施術やセラピーの技術は、どんどん新しいものが出てきます。同じ業界にいても「名前は知っているけど、どんなものかわからない」ということは少なくないのです。ましてや、一般のお客様が複数の技術から自分にピッタリのものを選んで予約するというのは、かなりハードルが高いもの。それぞれの技術の特徴をわかりやすく説明し、ほかのサロンとの違いをくらべやすくすることが、新規のお客様を呼ぶためには必須です。

メニューの見せ方のポイント

メニューの基本は、わかりやすいこと。

わかりやすいメニューにするために、以下の点をおさえておきましょう。

①読みやすくて覚えやすい

お客様が読みづらくて覚えにくいメニュー名は避けましょう。

②メニュー内容を反映している

メニュー名と、施術の内容がかけ離れているものはNGです。言葉選びにも気をつかいましょう。

肩こりさんのための
ボディ120分／16,000円（税込）

（お顔のツボ押し→日本式リフレ→全身ボディトリートメント）

上半身の疲れ・不調の多くは、首から上が原因のことも多いため、ボディトリートメントにも、お顔のケアが入っています。神経をリラックスさせながら、溜まった疲れを流していきます。

新鮮ハーブ
フェイシャル120分／16,000円（税込）

（リンパドレナージュ→デコルテ＋フェイシャル→ヘッド→仕上げパック）

つくりたてのハーブエキスで、現在の肌質を変え、オーダーメイドケアで肌とフェイスラインを整えていきます。1回の施術で結果を出すフェイシャルです。

③メニューどうしの違いがわかる

複数のメニューがある場合、メニュー名でその違いがわかるようにしましょう。

④技術の特徴や効果、目的がわかる

メニューの目的や効果が、お客様に必要なものであることをわかりやすく伝えましょう。

選びやすさが集客につながる

たとえば「ボディトリートメント60分 8,000円」では、選ぶ基準が時間と値段しかなく、自分に合うメニューかどうかわかりません。お客様は自分の悩みや不安を解決してくれるメニューを探しています。わかりやすくて選びやすいと、お客様の「行ってみたい！」につながるのです。

Column 3

ありがちな失敗はこう回避！

メニューの価格が安すぎた！

安すぎる価格なのになかなか値上げができないのは、心の問題でもあります。同業者やコンサルタントに相談し、価格を見直していきましょう。

失敗例

生活が厳しいのに値上げに踏み切れません。

価格を安く設定しすぎてしまい、利益がほとんどなく生活が苦しいです。けれども、値上げをしてしまうとお客様が来なくなるのでは、と値上げを躊躇しています。でもやっぱりお財布がカツカツです……。

これでOK！

値上げをしてもお客様はついてきます！

メニュー価格を安くしすぎてしまう例は、少し控えめな性格のセラピストにありがちです。サロンの収入がほとんどゼロで生活が厳しいのに、それでも値上げに踏み切れないというパターンが多いのです。「お客様が来てくれなくなるのでは？」と不安になるのは皆さん一緒です。しかし、セラピストが生活できないようなサロンは、お客様も値上げに納得するほど安いことが多いです。安いからだけで来ているのではなく、サロンの価値を理解してくれているお客様は、値上げをしてもついてきてくれます。

値上げを検討する場合は、きちんと経営コンサルタントや商工会議所の相談窓口を利用するのが安心です。今後のサロン経営を決定づける重要なことなので、じっくり決めていきましょう。まずは身近なセラピスト仲間に相談してみるのもよいです。一人で抱え込まないでくださいね。

Part

4

居心地のよいサロンづくり

サロンはターゲットの好みや、
サロンコンセプトの統一感が大切。
お客様がリラックスでき、セラピストも施術しやすい
快適な空間をつくりましょう。

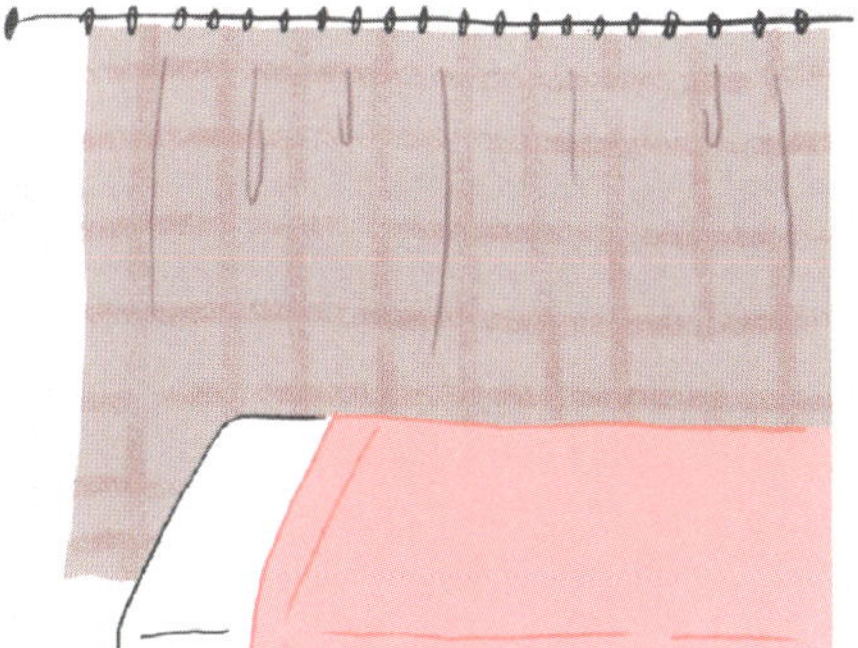

STEP 01

サロンとプライベートスペースの分け方

自分とお客様の動線を意識する

サロンに使う部屋を決めるときに、必ず意識してもらいたいのは「動線」です。お客様が玄関、施術スペース、トイレの3つをスムーズに移動できるとベストです。また、お客様だけでなく、自分もスムーズに施術や接客ができるように、キッチンへの動線も考えるようにしましょう。

家族が自宅にいない間にサロンを開くという場合でも、家族が帰宅したときにお客様とバッタリ鉢合わせ！ なんてことがあると、せっかくのプライベート感が台なしです。可能な限り、お客様と家族が対面しないような空間づくりを心がけましょう。

また、「今日は○時までお客様がいるよ」と事前に家族に伝えておき、お客様がいる時間は静かに帰宅してもらうといった協力をしてもらうのも大切です。お客様に最後まで、非日常感を味わっていただけるように配慮したいですね。

カーテンやパーテーションを使う

サロンスペースを、家族が使うリビングなどに設ける場合は、サロンスペースと生活スペースを上手に仕切る必要があります。空間を仕切るときに活躍するのが、カーテンやパーテーションです。折りたたみ式のものや、突っ張り式のもの、素材や色もさまざまあるので、サロンの雰囲気に合ったものを選びましょう。

リビング全体をサロンとして変身させる場合は、ふだんの生活空間と明確な区分けがないため、日ごろからリビングの整理整頓をしておくことが大切です。お客様が来る直前になって慌てて片づけるのでは、時間と労力のムダ。片づけもサロン業務の一環だと考え、常にきれいな状態を心がけましょう。モデルルームやインテリア雑誌を参考に、素敵だと思ってもらえる工夫ができるとよいですね。

動線を意識したサロンづくり

おうちサロンは店舗サロンにくらべてスペースが限られています。
ムダのないスムーズな動線を意識しましょう。

□家族がトイレに行くとき施術ルームを通らない

□フットバスなどの準備がしやすい（水まわりへの動線）

□お茶の準備をする音が聞こえにくい（キッチンへの動線）

□家族が過ごすスペースと、施術ルームが離れている

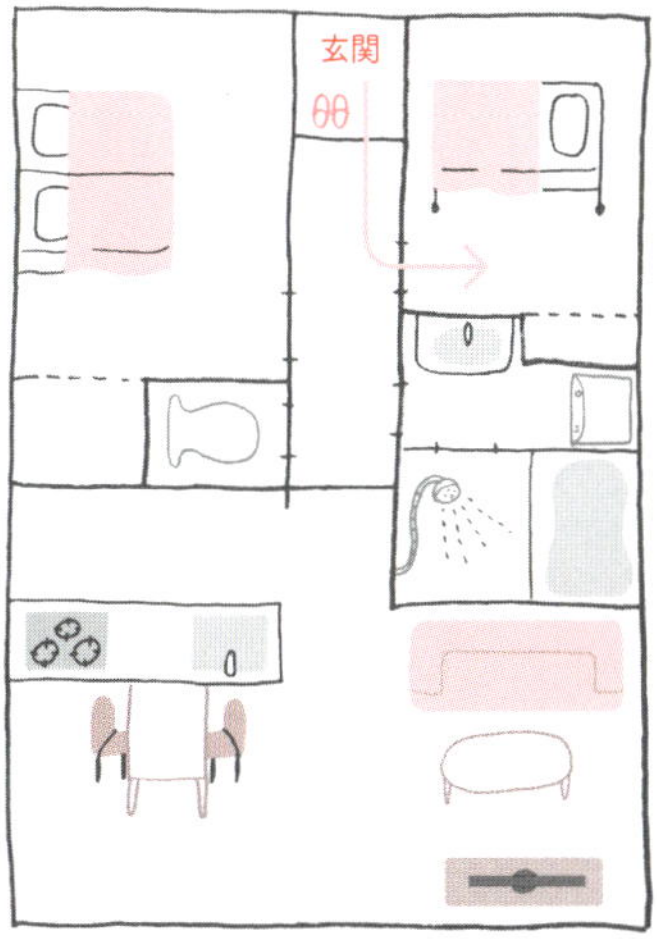

□玄関に近い部屋

□ほかの部屋を通らずに玄関から施術ルームに行ける

□ほかの部屋を通らずにトイレに行ける

□施術ルームの前を家族があまり行き来しない

仕切りをうまく活用しよう

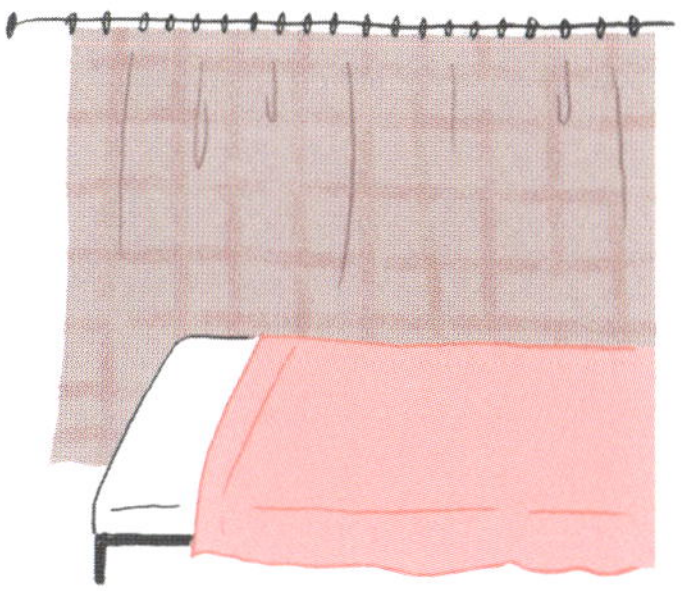

リビングなどの一角をサロンスペースとして利用する場合は、布やカーテン、パーテーションなどを利用して、ふだんの生活スペースとの仕切りをつくりましょう。その際は、サロンの雰囲気に合う色や柄を選ぶと統一感が出ます。

STEP 02

生活感をなくすコツ

お客様の視点に立って整える

おうちサロンはアットホームな感じがよいと言いつつも、生活感が前面に出ているのはNGです。アットホーム感＝生活感ではありません。おうちサロンでは〝いかに生活感をなくすことができるか〟がポイントになります。とくに、家族とお客様の共有スペースは生活感が出やすいので注意が必要です。

たとえば、玄関やトイレマットは使用感が出やすいアイテムです。色あせていたり、毛足が寝てしまったりしているだけで、そこに暮らす家族の姿を想像してしまいます。ほかにも、玄関に傘が何本も置いてあったり、家族の靴が並べられていたりすると、それだけで生活感が一気に出てしまいます。

お客様の目線を意識して、目につきやすい玄関やトイレなどを中心に生活感をなくすような工夫をしましょう。

食べものの匂いは生活感たっぷり

意外と忘れがちなのが、食べものなどの匂いの問題。いくら部屋がきれいに掃除されていても、前日のカレーの匂いや焼き肉の匂いなどが残っていると、それだけで一気に生活感を感じてしまいます。匂いが残りそうな食事は、次の日にサロンの予約が入っていないときにまわし、予約が入っている前日や当日の朝は、匂いが残るような食事を控えるといった配慮も必要になります。

匂いは案外しつこく残るものです。食事の後はすぐに換気をし、匂いがつきやすいファブリック類には消臭スプレーをするなどして匂いから生まれる生活感を消しましょう。少し神経質かなと思うくらいで、ちょうどよいのです。そのほかに、空気清浄機で脱臭をしたり、アロマを焚いたりして生活臭を緩和させる方法もおすすめです。

生活感を減らすテクニック

おうちサロンで生活感をなくすテクニックには、いろんなものがあります。いくつかご紹介しますので、ぜひ試してみてください。

玄関アプローチに不要なものを置かない

枯れた植木は思い切って捨てましょう。子どものおもちゃは、ガーデニング用のボックスなどに整理するとスッキリします。

玄関はディスプレー風に

傘や靴は収納を。靴箱の上はPOPや商品、可愛らしい小物をディスプレー風に飾ると、店らしさがアップするのでおすすめ。

トイレマットの使用感を減らす

トイレマットは使用感が出やすいものです。面倒ではありますが、サロン用と家族用に分けておくと、長持ちします。

洗濯機をインテリアに

洗濯機の存在感を消すためには、洗濯機そのものをインテリアにするのも一案。カッティングシートやウォールステッカーでアレンジしましょう。

サインプレートで雰囲気アップ

「PRIVATE」「Staff Only」などのサインプレートがドアにあると、グッと店らしくなります。お客様が部屋を間違えないというメリットも。

壁紙をアレンジする

くすんだ壁紙、子どものイタズラ書きが消えない壁紙などは、賃貸でも使える、貼って剥がせる壁紙を。初心者でも簡単に貼れます。

消耗品をワンランク上のものに

家具など大きなものを高価なものに替えられなくても、消耗品などの生活感が出やすい雑貨を少し上質なものに替えると印象が変わります。

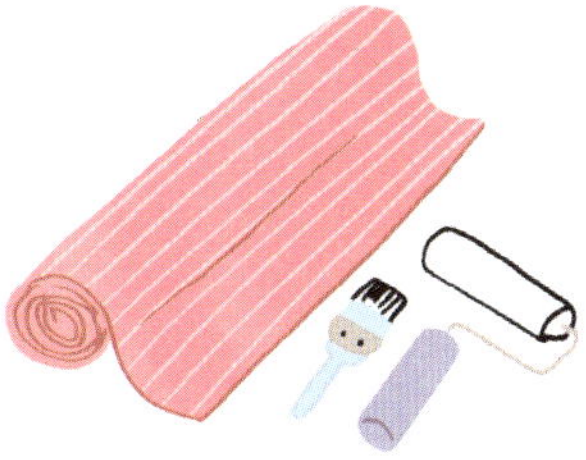

STEP 03

すっきりと見せる収納術

必要以上に物を増やさない

自宅でサロンを開くとなると、気になるのが収納。お客様をお迎えするのですから、物がごちゃごちゃしているのは避けたいものです。おうちサロンも立派な〝店〟です。お客様の視界に入る場所は、きれいに整えておきましょう。

まず家全体の整理をし、いらないものは思い切って捨てましょう。「いつか使うかも」というものは、だいたい使わないものであることが多いです。物を溜めない習慣をつけると、それだけで部屋がすっきりした印象になります。

また、物が増えていくと、その物を収納しようとして収納棚や収納ケースも増えていきます。収納棚や収納ケースも〝物〟であることに変わりはありません。サロンスペースには、ムダなものを置かないようにしましょう。

布を使ってすっきり見せる

本棚や子どものおもちゃを入れた箱など、ごちゃごちゃしているスペースは、布で目隠しをしてしまうのがおすすめです。たとえ棚のなかがきれいに片づいていなくても、布で覆ってしまえばわかりません。施術スペースに置いてある粧材などの施術や備品も、布で目隠しをすればすっきりとした印象になります。

布を選ぶときは、サロンのテーマカラーや雰囲気に合った色や柄を選ぶとよいでしょう。布の色や柄は、サロンの雰囲気に大きく影響します。布とはいっても、サロンの世界観をつくり出し、非日常感を演出してくれる役割があるので、ぜひ自分のお気に入りの布を探してみてください。

反対に〝見せる収納〟という手もあります。雑貨店のようにお洒落に物を並べることで、「生活感があって汚い」というイメージにはなりません。

お客様の視点を意識する

サロンスペースを整えるときは、まずお客様の目線に立って考えることが大切です。不快感を与えないようにしましょう。

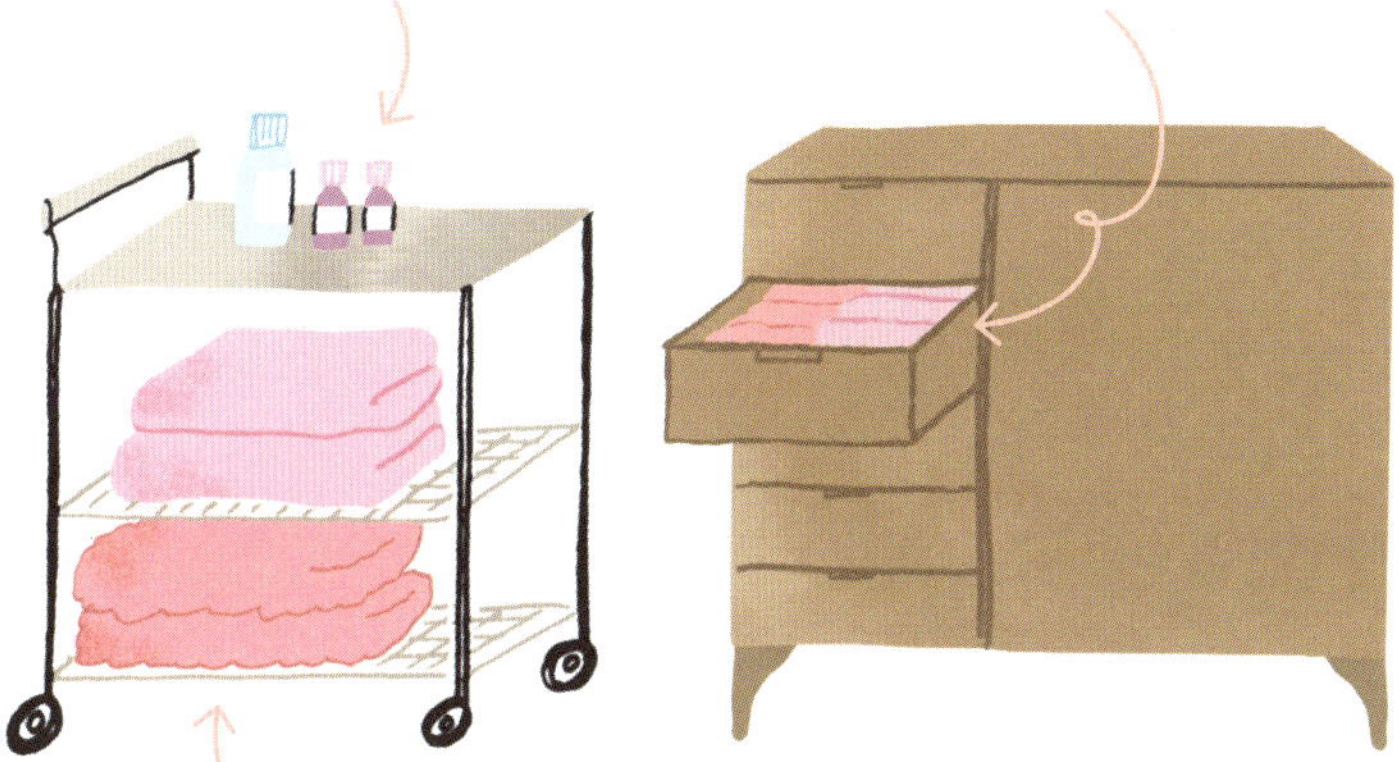
色、サイズや使いやすさに合わせて並べましょう。
見えない収納でも、お客様の前で出し入れする備品は美しく整頓を。
色、バランスを考えながら見た目もかわいらしく整えます。

目隠し布ですっきり見せる

一般の家庭でも、布を使って収納スペースを目隠ししている方は多いのではないでしょうか。おうちサロンでもこの手法は大活躍。人の目にあまり触れてほしくないスペースは布で覆ってしまうと、すっきりとして生活感を減らすことができます。

Point

布の色と柄は雰囲気に合うものを

目隠しの布の色や柄は、意外とサロンの雰囲気を左右します。サロンのテイストに合うカラーで統一させて、世界観を演出しましょう。布の素材によっても、雰囲気が変わります。

STEP 04

癒しの雰囲気のつくり方

ストレスを感じさせない空間づくり

おうちサロンは、お客様が安心して快適に施術を受けていただくと同時に、日ごろの疲れや悩みを和らげ、新しいエネルギーを充電する場所でもあります。お客様が非日常を感じ、癒されると思えるような空間づくりを心がけましょう。

では、癒される空間とはどんな場所なのでしょうか？ 癒されるという感覚は、人によって異なります。ペットと触れ合うことに癒しを感じる人もいれば、音楽を聴いているときに癒しを感じる人もいます。または、何もない空間が癒されるという人もいます。このように、人によって癒しを感じる時や場所は違います。しかし、共通して言えるのは「ストレスや不快を感じずに、心身ともにリラックスできている」ということ。つまり、おうちサロンにおいても、お客様にいかにストレスや不快を感じさせないかがポイントになります。

統一感のある空間をつくろう

人は五感で得られる情報から、癒される、ストレスに感じる、といった感情を生み出します。五感をうまく刺激して、癒される雰囲気をつくりましょう。

たとえば、サロンのテーマカラーを考えるときは自分の好きな色でＯＫですが、お客様も落ち着ける色であるかを考慮しましょう。家具や小物も、雰囲気に合ったデザインを選んで統一感を出すと、リラックスしやすいものです（→118ページ）。

ほかにも、コンセプトのイメージに合うリラックスできる音と香り、お出しする飲みものはほっとする味わいにするとよいですね。家具や小物の素材も、テイストに合ったものや肌触りのよいものを選ぶと◎。サロンの備品などを選ぶときは、コンセプトに合うものにで統一することで非日常感を演出でき、リラックス効果が高められます。

コンセプトに合った雰囲気づくり

サロンのコンセプトが固まると、サロンの雰囲気もしぜんと決まってきます。あなたはどんな雰囲気のサロンにしたいですか？

ナチュラル

壁やカーテンなどの広い面積は白や生成り色に。木目調の家具を合わせると◎。花や絵などを飾ると、さらにやさしい雰囲気になります。

ハワイアンリゾート

ロミロミを行うサロンに最適。リゾートを感じさせる柄のファブリックやハワイアンキルト、籐《とう》素材のインテリア、観葉植物で南国感を演出します。

和

和紙などを使った間接照明で、なごみの雰囲気に。インテリアを選ぶときは、和を感じさせる落ち着いた色味と素材のものを選びましょう。

STEP 05

色の効果を利用しよう

色には心理的な効果がある

わたしたちの暮らしのなかには、さまざまな色があふれています。ふだん何気なく見ている色にはそれぞれパワーがあり、わたしたちはその色から心理的な影響を受けているのです。

たとえば、赤色の服を見ると温かそうに感じるけれど、青色の服はなんだか寒そうと感じることはありませんか？　ほかにも、食欲を増進させる色と減退させる色、ストレスや不安を和らげてくれる色、気持ちを奮い立たせてくれる色など、わたしたちは多方面から色の効果を感じて生活しています。

このような色彩心理を用いて、カラーヒーリングやカラーセラピーといった心や体のケアをサポートする活動をしている方もいます。色がもつ効果を知り、生活や癒し系サロンのなかに上手に活用できるとよいですね。

色が与えるイメージ

サロンのインテリアを考えるときも、色の効果を利用してみましょう。

赤・橙系の色は暖色系と言われ、体感温度を上げる効果があるという実験結果が出ています。また、緑は自然を連想させる色であるため、ほかの色に比べて癒し効果が高いと言われています。家具や壁紙に取り入れるほかに、観葉植物などを置くこともおすすめです。ピンクを見ると脳が女性ホルモンの分泌を促すという実験結果もあり、美容によいとされています。ほかにも色によって期待できる効果はさまざまあります。

サロンのコンセプトに合わせたインテリアを考えるとき、色を意識してみましょう。ナチュラルテイストならアイボリーや生成りをメインに、和風なら藍色や朱色を使うといったように、コンセプトのイメージにぴったりの色を選ぶと雰囲気が出ます。

サロンのテーマに合った色選び

サロンのテイスト“らしい”色を選ぶと、グッと雰囲気が出てインテリアに統一感が生まれます。参考にしてみてください。

ナチュラルテイスト

ベージュや生成りなど自然をイメージする色を選びましょう。家具はパイン材などの明るい色から中間色にすると、まとまりやすいです。雑貨などで差し色を加えると◎。

アジアンテイスト

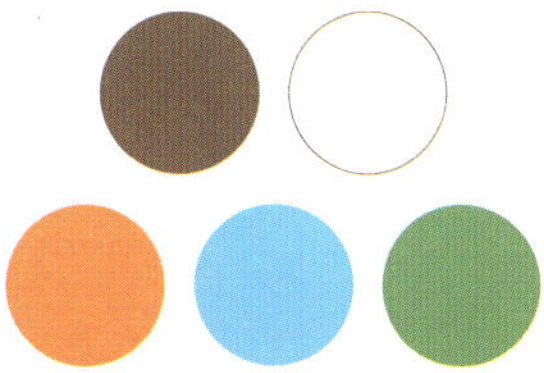

バリやタイのリゾート系なら、濃い目のブラウンをメインに白色系を取り入れてメリハリをつけて。小物をオレンジやグリーン、さわやかなブルーなどの色にすると雰囲気が出ます。

ハワイアンテイスト

ハワイの8つの島のシンボルカラー、白、紫、黄、緑、赤、オレンジ、ピンク、グレーがおすすめ。砂浜を連想させる白や、透き通った海のようなターコイズブルーも合います。

和テイスト

家具などのメインの色は、濃い目の茶色や黒色を。日本の伝統色の藍色や朱色、山吹色などをアクセントカラーにすると和を演出できます。畳や和紙などの素材の色も楽しんで。

STEP 06

照明の選び方

癒しサロンに最適な照明は？

インテリアでは、照明も重要なポイントの一つで、照明を変えるだけで部屋の印象がガラリと変わります。サロンに必要な癒しの雰囲気をつくり出すには、照明の効果を利用することも大切です。

照明には大きく分けて白熱灯と蛍光灯の2種類があります。白熱灯は、黄色みのある光を出して温かい雰囲気をつくり出し、蛍光灯は、青白い光を出してクールでさわやかな雰囲気をつくり出します。リラックスした雰囲気を演出するには、蛍光灯のような青白い照明よりも、白熱灯の夕日のような色の照明が最適とされています。そのため、多くの癒し系サロンでは白熱灯が使われています。

一方、鍼灸院や整体院など治療が基本にあるところでは、一定の明るさを確保することが法律で定められています。そのため、蛍光灯の白っぽい光を選びます。

照明の位置にもこだわろう

照明は色の違いだけでなく、位置によってもその効果が変わってきます。

人は立っているときよりも座っているときの方が開放的になると言われています。照明も同様で、高い位置から光を均一に照らすと緊張感が生まれるのに対し、低い位置から間接的に照らすと、ゆったりと安らいだ気持ちになります。この効果から、癒しサロンには天井に密着した照明よりも、吊り下げたペンダントライトの方がリラックス度が増すのでおすすめです。

さらに、くつろげる空間を演出したいならフットライトやウォールライトを使うのも効果的です。照明は足もとの低い位置に置くと、より開放感が出ます。調光できるタイプのものにすると、カウンセリング中は明るめに、施術中は暗めに光量を落とすことができるので便利です。

照明効果の違い

癒しの空間を演出するために欠かせないアイテムの照明。
サロンに適した照明を選んで、お客様がリラックスできるようにしましょう。

白熱灯

癒し系のサロンにおすすめの照明は、黄色みのある白熱灯。夕日のようなふんわりとした温かみのある光が、安らげる雰囲気をつくり出します。ペンダントライトを使うと、さらに落ち着いた印象になります。

蛍光灯

治療を中心にした鍼灸院や整体院などでは、法律で決められた一定の明るさを確保しなければなりません。白熱灯では明るさが不十分なので、蛍光灯の白っぽくて明るい光が選ばれることが多いです。

間接照明で雰囲気アップ

癒し系サロンでよく見かけるスタンドライトは、リラックスできる雰囲気を演出してくれます。調光できるタイプを選ぶと、施術とカウンセリングのどちらにも対応できるので便利。背の高いものよりも、低いもののほうがリラックス効果が高いと言われています。

STEP 07

インテリアの選び方

快適に過ごせる家具を選ぼう

まず、サロンに使う部屋が決まったら、どのように家具を配置するかを決めましょう。お客様とセラピストがストレスを感じない、スムーズな動線を意識してください。ここで、イスやテーブルなどサロンに置く家具の大体のサイズが決まってくるはずです。

イスやテーブル、キャビネットなどの大きな家具は、サロンの印象を大きく左右します。１１６ページで触れたように、サロンスペースのテイストが決まったらそのテイストにぴったりのアイテムを選び、統一感を出すことも居心地のよいサロンにするポイントです。

また、サロンは衛生管理が不可欠。素敵なインテリアであると同時に、掃除や殺菌・消毒などがしやすいことも大切です。布製のものは張り替えや洗濯が容易であるものを選ぶと、手入れがラクになります。木製のインテリアも、人の手がよく触れる部分に布や薄いビニール製のクロスをかけるなどすると安心ですね。

便利な収納アイデア

おうちサロンのインテリアで重宝するのが、キッチン家具です。化粧品やタオルをしまうワゴンは、業務用を買うよりもキッチン用が安くて便利。天板がタイルや耐熱仕様になっていると、ホットタオルやホットストーンなど熱いものも気軽に置けます。移動時に音がしないものを選びましょう。

サロンの棚にはキッチンボードがおすすめ。傷や熱、汚れに強いものが多く、全体に水に強いので掃除もしやすいです。上部のガラス棚にタオルを収納できますし、鍋も入る大きな引き出しは、業務用化粧品のストック場所に便利。施術で使う刷毛やヘラも、カトラリー用の引き出しに整理できます。炊飯器をしまうスペースの奥にはコンセントがあるので、ホットキャビなどを入れるのにぴったりです。

素材からイメージを伝える

インテリアの素材や形も、サロンの雰囲気をつくり出す要因の一つ。イスの素材や形にしてもテイストが違えば、選ぶものは異なります。

ナチュラル

無塗装で明るくすっきりとした木目のものを選びましょう。生成りや木綿、リネンといった自然をイメージさせる素材を使ったインテリアで、ナチュラル感を演出します。

リゾート

籐《とう》などで植物で編み込んだイスを選ぶと◎。ハワイなら明るい色を選ぶとよいでしょう。織物やハワイアンキルトなどのファブリックを取り入れると、リゾート気分が味わえます。

和

ロータイプのものを選ぶと、和風らしさが出ます。木製や籐でつくられたシンプルな形のものを選び、座面には竹や麻などの和を感じる素材や伝統色を取り入れると雰囲気が出ます。

STEP 08

備品の選び方

肌に触れるものには十分な配慮を

サロンスペースの大枠が決まったら、次は施術に必要な備品を揃えていきます。

施術用のベッドには高さが調整できるもの、折りたたみ式のもの、背が起き上がるものなど、さまざまな種類やサイズがあります。施術内容やサロンスペースの条件に合ったものを選びましょう。いずれにしても、自分自身が施術しやすく、お客様の快適性を考慮したものであることが必須です。どれにするか迷うときは、先輩セラピストの意見やショールームを参考にしてみてください。

タオルやガウンなどのリネン類は、お客様の肌に直接に触れるもの。サロンでは必需品であり、消耗品ともいえるものですが、だからといってゴワゴワするものはＮＧです。まずは自分で肌ざわりなどに不快感がないかチェックし、良質なものを選びましょう。洗濯方法にも気を配りたいものです（→２２２ページ）。

そのほかにも、使い捨てのシーツやショーツなどの直接肌に触れるものは、快適なものを選びましょう。

細かなこだわりでお客様の心をつかむ

トリートメントなどのメニューがあるサロンでは、施術で使用するオイルや化粧品も揃える必要があります。オーガニック製品である、香りがよいなど、自分が自信をもってお客様におすすめできる製品を選ぶことが大切です。

施術後、そのままお出かけをするお客様もいらっしゃるかもしれません。必要に応じてヘアブラシやメイク直しのコスメや綿棒、コットンなどのアメニティグッズを用意しておくと喜ばれるのでおすすめです。また、お茶やお菓子をサービスするサロンも多いでしょう。かわいらしい容器でお出しすれば、気分も上がりますよね。

肌に触れるものは良質なものを

備品のなかでも、とくに気を配りたいのが肌に触れるもの。
触り心地の違いでリラックスできるか、不快な気分になるかが分かれます。

タオル、リネン類

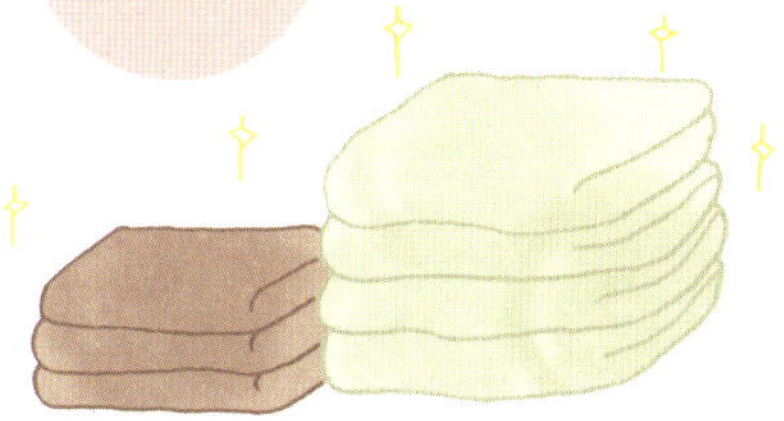

サロン業務には欠かせない、タオルやガウンなどのリネン類。お客様の肌に直接に触れるものですから、まずは自分で試してみて納得のできるものを選びましょう。使用回数も多いので、すぐにダメにならないように洗濯に強いものがよいでしょう。

消耗品

サロンによっては、使い捨てのシーツやショーツを用意するところもあります。その場合もタオルと同じく直接肌に触れるものなので、「どうせ使い捨てだから」と品質の悪いものになってしまわないように注意しましょう。お客様の“ちょっとした不快”にならないよう気をつけて。

粧材

サロンで使用する精油やオイル、化粧品は、サロンの特徴でもあります。ぜひ、いろんなものを試してみて、自分が心からおすすめできる製品を選んで使用しましょう。粧材以外にもおすすめの製品をサロン内で販売すると、売上につながります。

STEP 09

香りや音楽のリラックス効果

香りと音楽で癒しを提供しよう

　お気に入りの香りに触れると、心がほっとすることがありませんか？　好きな音楽を聴いているときも、元気が出たり、落ち着いた気持ちになったりしますよね。香りや音楽には、人の心を癒してくれる効果があります。

　サロンに来ていただいたお客様によりリラックスしてもらうために、香りや音楽を取り入れることは効果的です。玄関にお気に入りの香りを置けば、サロンに入った瞬間から「サロンに来た」という嬉しい気持ちになります。お客様の好みの香りを聞いておいて、次回来店されるときにその香りを置くと喜ばれますよ。

　また、施術中はリラックスしてもらうために、心が落ち着くような音楽を流すとよいでしょう。ボリュームは大きくなりすぎないよう、心地よい程度に留めます。呼吸や心拍数よりもゆっくりしたリズム、メロディの曲にすると、さらに心地よく感じられるのでおすすめです。

テイストに合わせて香りと音楽を選ぶ

　香りや音楽にもさまざまな種類があり、どれを選んだらよいか迷うことがあるでしょう。思い切ってお客様に直接好みを聞くのも、一つの手かもしれません。しかし、サロンのコンセプトが決まっているのですから、そのコンセプトのイメージに合うような香りと音楽を選ぶとよいでしょう。さらに雰囲気が出て気分が上がります。

　たとえば、ハワイをイメージしたリゾート系のサロンなら、波の音を流してみましょう。なんだかビーチにいる気分になりますよね。アジアンリゾートなら民族楽器の音などが似合います。香りも少しエスニックな雰囲気にすると、一気にリゾート感が増します。あなたのサロンには、どんな香りと音楽が合いますか？

雰囲気をつくる香りと音楽

香りや音楽から得られるイメージは大きいものです。ここで紹介するのはあくまで参考ですので、あなたのサロンに合うものを取り入れてみてください。

ナチュラル

【香り】ラベンダーなどのフローラル系の香りや、オレンジなどの柑橘系
【音楽】ヒーリングミュージックやオルゴール、インストゥルメンタルなど

アジアン

【香り】パチュリ、サンダルウッド、フランキンセンス、イランイラン、レモングラスなどオリエンタルな香りを
【音楽】民族音楽や神秘的な音楽、ビーチを感じさせる波の音など

和

【香り】お香を焚いたり、クロモジ、ヒノキ、柚子などの和を感じるもの
【音楽】川のせせらぎの音、水琴窟の音、ししおどしの音、笙や龍笛など

ハワイアン

【香り】プルメリア、チューブローズ、ガーデニアなどの南国の花や、ココナッツなどの甘い香りも◎
【音楽】ウクレレの音。リゾートを感じさせる波の音。伝統的なハワイアン・ミュージックなど

ココに注意！

生活臭は雰囲気を壊す

料理などの匂いは、それだけで生活感が出てしまいます。しかし、生活臭を消そうとして、強い香りを置くと逆効果です。しっかりと生活臭を消してから、香りを置くようにしましょう。

STEP 10

清潔感がある空間を心がける

お客様の目線を意識する

居心地のよいサロンの条件として、清潔感があることは欠かせません。とくに、おうちサロンの場合は、玄関やトイレなどは家族と共用することになります。玄関に靴や傘があふれている、トイレは家族が使ったままの状態などということでは、お客様もリラックスすることができません。おうちサロンは家が仕事場というメリットがありますが、その分もお客様のご来店前には整理整頓し、清潔にしておく必要があります。

　普通歩いているだけでは、気づかない部分に汚れやほこりが溜まっていることもあります。お客様が座るイスに座ってみる、ベッドに寝てみるなど、お客様の行動に合わせて視線の先をチェックすることが大切です。棚や引き出しのなかも、出し入れする瞬間にお客様の目に留まることがあります。ふだんは目に触れなくても、整理整頓を心がけましょう。

清潔感は日々の積み重ねから

清潔感のあるサロンにするコツは、日ごろからこまめに片づけや掃除をしておくことです。ほこりなどが溜まったり、カビがはえたりすることも少ないので大がかりな掃除が要らなくなります。お客様が来る直前に慌てて掃除をすることもなく、短時間で準備できるので心の余裕ができます。

　家族がいる場合は、日々の片づけに協力してもらうようにしましょう。家族が散らかしたものを毎回片づけていると、時間も労力もかかります。子どもが散らかしたおもちゃも「お客様が来るから、一緒にお片づけしようね」と言うと、だんだんと片づけをしてくれるようになります。

　お客様に居心地のよいサロンだと感じていただくには、家族の協力も必要になります。一人で全部背負いこまず、家族にも手助けしてもらいましょう。

おうちサロンは清潔感がマスト

インテリアといった雰囲気づくりも大切ですが、それは清潔感があってこそ効果があります。お客様の目線を意識して整えましょう。

忘れがちなもの

スリッパ

お客様用を用意しておくと◎。内側の汚れやヘタリに気をつけましょう。

お茶出し用カップ

くもりや指紋、茶渋や水滴のあとがないように注意しましょう。

セラピストの身だしなみ

手入れの行き届いている感が大切です。肌や髪は艶やかに保ちましょう。

きれいなサロンを保つための心構え

おうちサロンを清潔に保つ秘訣は、こまめに掃除をすること。ほかにも、意識しておきたいことがあります。

サロンのきれいさをキープするには……

- 掃除する箇所のチェックリストをつくっておく
- 施術の導線、お客様の導線を考えて、汚れやすい場所を把握しておく
- 汚れやすいもの、汚れの目立つもの、汚れの落としにくい素材のものを置かない
- 不要なものは置かず、ものを増やさない
- 汚れや汚れ方に合った洗剤や掃除方法を調べる

STEP 11

設備のメンテナンスを怠らない

設備のチェックはこまめにしよう

おうちサロンを長く続けていくと、大きなメンテナンスをしなければいけないこともあります。

たとえば、おうちサロンにエアコンは必須アイテム。暑い夏の日にエアコンが壊れていた！　なんてことがあったらお客様に快適に過ごしていただくことができません。ほかにも、トイレの水の流れが悪い、施術のベッドが不安定など、修理が必要になるときがあります。

まずは、なるべく予約が入る前に気づくように注意をしましょう。お客様が来てからトラブルが起きてしまうのは避けたいもの。エアコンはきちんと温度設定ができるか、トイレの水は問題なく流れるかなど、日ごろのメンテナンスを心がけましょう。とくに、室内の温度はお客様によって体感温度が違うため、気をつけるように。暑がりか寒がりかなどをお客様の記録表に書いておくと、事前の温度設定がスムーズになり、お客様も気持ちよく過ごせます。

より快適なサロンにするために

いつか家をリフォームして、快適な空間にしたいと思いながら、おうちサロンを開業するセラピストもいるでしょう。または、実際にサロンを開業してから「なんだか不便だな」「不快だな」と気づくセラピストもいるはずです。

どちらにしても、リフォームをするには経費がかかります。リフォームをしたいと考えた場合は、月の経費を見直して計画的に予算を組むようにしましょう。

また、リフォームをするときはスケジュールに余裕をもってお客様へのお知らせをしましょう。突然、「明日からリフォームのためお休みします」では、お客様も困ってしまいます。資金の計画だけでなく、お知らせのタイミングも計画的にしてくださいね。

お客様に合わせた空間づくり

お客様をお迎えするとき、ちょっとした心づかいができることが、愛されるサロンになるポイント。室内の温度がちょうどよい温度だった、室内に好きな香りが広がっていたなど、お客様に居心地のよいサロンと感じていただけるような「おもてなし」ができるように心がけましょう。

必要に応じてリフォームしよう

サロンを開業してみると、不便に感じるところが出てくるかもしれません。
とくにお客様が不便と感じる箇所は改善していきましょう。

リフォームの例

- カーペットやフローリングの張り替え
- 洗面所や玄関のクッションフロアの張り替え
- トイレを温水便座に替える
- 洗面台のリニューアル
- つくりつけの棚を設置
- 窓に内窓をつける
- 壁紙の張り替え

Column 4

ありがちな失敗はこう回避！

サロンスペースが広すぎた！

**「サロンスペースは絶対広いほうがよい！」と思い込んでいませんか？
じつは、広いスペースにもデメリットがあるのです。**

失敗例

空調が効くのに時間がかかります。

「お客様を迎えるのだから、サロンは広いほうがよい」と思い、広い部屋に決めました。いざ運営していると、部屋が広いため空調が効くまでに時間がかかり、お客様を不快な気持ちにさせてしまうことがあります。

これでOK！

スペースが広いほどよいとは限りません。

サロンのスペースは広いほうがよいように感じますが、じつはそんなことはありません。広い空間にもメリットがあれば、デメリットもあるのです。

おうちサロンの場合、広い空間はゆったりと過ごせるというメリットがある反面、「空調が効きにくい」というデメリットがあります。室内が暑い、寒いというのは、お客様のちょっとした不快につながります。せっかくの癒し空間も、このような不快があると残念な気持ちになります。空調が効きにくい部屋の場合は、冷暖房器具やブランケットを用意しておくようにしましょう。

一方、狭すぎる空間も「お客様とセラピストが動きづらい」というデメリットがあります。6～8畳ほどあれば、空調の効きもよく、お客様とセラピストの動線が確保できるのでおすすめです。ほかにもお客様が快適に過ごせる空間であるか、さまざまな面から考えましょう。デメリットがある場合は、フォロー策も考えておきます。

Part

5

お客様が集まる宣伝テクニック

おうちサロンを開業しても、
集客なしで、しぜんに予約が増えることはありません。
自分に合った集客ツールを選び、
上手にお客様を呼び込むテクニックを学びましょう。

STEP 01

サロンに合った集客ツールを選ぶ

サロンを知ってもらうために

どんなに素敵なサロンでも、まずはその存在を知ってもらわなければ意味がありません。集客ツールには、サロンの存在を知ってもらうほかに、お客様が来店しやすくなるなどの大切な役割があります。チラシ、ウェブ、フリーペーパー、クチコミなど、サロンや自分に合った集客方法を取り入れてみましょう。

たとえば、来店していただきたいお客様層が訪れそうな店に、ショップカードやチラシを置かせてもらうという方法があります。その際には、サロンのブログやフェイスブックを立ち上げておき、そのアドレスも一緒に掲載しておきたいもの。多くのお客様はサロン選びの際は、ウェブ上の情報を参考にしているからです。さらに、ホームページがあると安心感、親近感を高めるという効果もあるので、オープン前から準備しておくとよいでしょう（→80ページ）。

長期的に活用しやすいシステムを

ブログやフェイスブックをはじめとするウェブを活用した集客ツールは、選択肢が豊富な分、選び方がとても大切です。どんなに優秀なシステムでも、継続的に使いこなせなければ効果が見込めません。しっかりと更新や活用がされていてこそ、お客様に安心感、親近感をもってもらうことができます。セラピスト自身が使いやすく、ストレスなく活用できることが欠かせない条件なのです。

そして、ターゲット層にとって受け入れやすいツールかどうかも意識しましょう。ターゲットとなるお客様の年齢や生活スタイルに、もっとも合った集客ツールを選ぶと効果的です。ブログやフェイスブック、ＬＩＮＥ＠、ツイッター、インスタグラムなどのウェブツールは、無料というメリットもあるので、気軽にはじめられます。

サロンに合った集客法を選ぶ

立地に合わせた集客

フリーペーパーやサロン登録サイトなどは、都心のほうが充実。逆に、都市部はオートロックのマンションが多く、ポスティングはしにくいです。

ターゲットに合わせた集客

チラシを置く場合は、通勤する客層は駅や駅前、車移動が多いならガソリンスタンド、主婦はスーパー、OLはカフェや美容室、高齢者は郵便局、若い人はコンビニなどが◎。ネット媒体も、20代〜ママ世代はスマホ→LINE@、OL層はPC→メール、40代はスマホ→メール、50代はタブレット→メールなどと使い分けて。

自分が使いやすいツールを選ぶ

HPやブログ、SNSなどは、しっかりと更新されていてこそお客様に安心感や親近感をもってもらえます。集客ツール自体が優れたシステムでも、自分が継続的に使いこなせなければ意味がありません。

Point

ホームページで安心感を与える

HPがあるというだけで、サロンに対しての安心感や信頼感が高くなります。チラシにもURLを記載しましょう。サイトは未完成でもOK。徐々に完成させれば大丈夫です。

STEP 02

チラシや広告を活用する

わかりやすく、印象のよいツールを準備

気軽に手に取ることができ、形に残る集客ツールといえば、チラシ、パンフレット、フリーペーパー、ダイレクトメールなどですね。プロに作成を依頼してもよいですし、手づくりでもＯＫ。最近では、気軽に印刷を頼めるサービスも増えています。手書きの文字やイラストを組み合わせたアットホームな雰囲気のチラシも、好感度大です。

いずれにしても大切なのは、だれのための、どんなサロンなのかがわかるよう、お客様の立場になってつくること。まず、サロン名、どんなサロンか、電話番号やメールなどの連絡先、営業時間と休業日、この５点は欠かせません。地図まで詳しく説明すると親切ですが、おうちサロンなので住所は町名までというのもあり。だれのためのメニューで、今、来店するとこんなよいことがあるという内容を伝えると、予約してもらいやすくなります。

まずはクチコミで、自信がついたら広告を

集客ツールができたら、近所のショップに置かせてもらう、ポスティング、知り合いに渡すなど、いろいろ試してみましょう。「友だちがサロンをはじめたから」と知り合いにチラシを渡してもらえたら、親近感や安心感につながります。単に紹介してと頼むよりも、チラシがあるほうが友だちから気軽に話してもらえて、クチコミで広まる可能性も高まります。

サロン運営が順調で自信がつき、お客様をさらに増やしたいと感じたら、タウン誌やクーポン雑誌への広告を考えてみてもよいでしょう。有料のポスティングサービスを利用することもおすすめです。大切なのは、来てほしいお客様層が見ている媒体を選ぶこと。掲載前によく確認し、効果が見込めそうなものかを判断しましょう。

今、予約したくなるチラシをつくろう

チラシをつくるときは、新規客に必要な情報と、
ターゲットにとくに受けてほしいメニューを詳しく書きましょう。

〈表面〉

新規客に今、受けてほしいメニュー

メニューの説明

サロンと施術中の写真

サロン名、予約用の電話番号、メールアドレス

〈裏面〉 サロン紹介

セラピスト紹介

地図

アクセス、営業時間、
サロンのURL、QRコードなど

Point

地域の店にチラシを置いてもらう

チラシを置いてもらう店の具体例として、スーパーやカフェ、雑貨店などのショップ、ヘアサロン、郵便局、ドラッグストアなど。いろんな人に手に取っていただきやすいです。

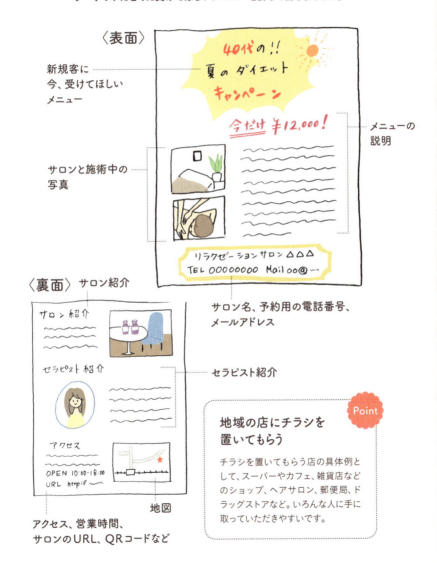

STEP 03

インターネットを活用する

こまめな更新で、お客様との距離を縮める

サロンを選ぶときは、スマホ（スマートフォン）やパソコンで検索してからというお客様がほとんどです。ウェブツールは無料で使えて、自宅でできるというメリットもあるので、どんどん活用しましょう。ホームページ、ブログ、メルマガ、フェイスブック、ツイッター、ＬＩＮＥ＠、インスタグラムとバリエーションも豊富です。そのなかでも、こまめに情報発信できてリピート効果の高いブログやフェイスブックページからスタートするのがよいでしょう。大切なのは、少しずつでも日々情報を発信し続けること。更新があることは、安心につながります。

　また、チラシなどの紙媒体にアドレスを掲載しておけば、はじめてサロンを訪れるお客様も気軽にアクセスできて、サロンのことをより詳しく知っていただけます。早めにネットツールを用意することをおすすめします。

ホームページは徐々に完成させても

ホームページをつくるときはサロン名、営業時間、メニューといった基本データのページからつくります。サロンの雰囲気やオーナーのキャラクターがわかる写真、プロフィールはとくに大切です。キャンペーンやイベントの告知も注目度が高く、集客には有効ですが、はじめはブログやＳＮＳで案内してもよいですね。ネットツールのよいところは、リアルタイムで何度も情報を更新できるところです。

　オープン前にホームページの開設がむずかしい場合は、ブログやフェイスブックページなどを使いこなせるようになってからでもＯＫ。ホームページはサロンをイメージづける「顔」となりますから、制作の講習を受けたり、プロに相談したりしながら作成してもよいでしょう。

ネットツールを使いこなそう

ネットツールのよいところは、無料でスタートできるというところ。まずは、自分が使いやすいツールからはじめてみてください。

ホームページ

HPはサロンの顔。HPがないと不安になるお客様もいるので、開設することをおすすめします。今や、スマホ対応であることは必須。ブログのリンクは目立つところに張りましょう。

ブログ

HPよりも手軽にはじめられるので、最初の集客ツールとしておすすめです。FacebookやTwitterなどのSNSと連携すると、便利なうえに集客効果を高めることもできます。

Facebookページ

サロンの名前で登録できるFacebookページを利用すると、Facebookに登録していない人でも閲覧できるので、キャンペーンやイベントのお知らせなどをするときに効果的です。

LINE@

無料で店の専用アカウントをもつことができます。友だち登録をしてくれたお客様へ一斉に情報発信、個別メッセージやスタンプカードなど、さまざまな機能があります。

メールマガジン

アドレスを登録いただいたお客様へ最新情報などをお届けします。宣伝だけでなく、お客様の興味をひく内容を書くことがコツ。Facebookなどへリンクを張ると効果的です。

Twitter

Twitterは情報が拡散しやすいのと、収集しやすいのが特徴です。サロンのお得情報や、イベント告知に使うと◎。また、日常のつぶやきも混ぜると親近感をもってもらえます。

STEP 04

サイトに掲載すべき情報

ブログやホームページの必須ポイントは？

集客ツールの掲載内容が、おうちサロンの人気を高めてくれることもよくあります。とくにブログとホームページの掲載内容は、十分に工夫するとよいでしょう。ホームページをつくるとなると、載せたいことがたくさん思い浮かぶ人が多いかもしれませんね。でも、ホームページはお客様へのサービスが目的のツールです。お客様が予約前に知りたいこと、安心につながる情報を優先しましょう。

作成する際のポイントは３つです。１つ目は、情報が整理されて行き届いていること。見やすくてわかりやすいページは、予約しやすさにつながります。２つ目は、ほかのサロンとの違いがわかりやすいこと。お客様がサロンを選ぶときの参考になります。３つ目はこまめに更新すること。それが安心、信頼につながり、熱意も伝わりやすくなります。

トップページをつくる際のコツとは

ホームページのトップページで大切なのは、プラスの印象、信頼感、安心感です。サロン名、連絡先、営業案内、アクセスといった必須情報は、お客様が探さなくても、すぐ目に入る位置にレイアウトしておくと好印象を与えます。さらに、サロンのイメージが伝わる写真やイラストを載せましょう。

また、検索したときに見つかりやすいと信頼性と利便性がアップするので、サロンのキーワードを決めておきましょう。検索の際によく使われる地名、アロマや痩身といったサービス内容、おうちサロン、駅近、送迎ありなどのサロンの特徴を、多くても８ワードまでに絞ってみてください。トップページの文章を考えるときには、４００〜８００字くらいの間に、それぞれのキーワードを１〜４回程度は使いましょう。大切なキーワードほど、上のほうに書くのがコツです。

サイトをつくるときのポイント

HPなどのサイトをつくるときは、お客様がわかりやすく
サロンのイメージが伝わるページになるように意識しましょう。

サロン名

サロンのキャッチコピーや地名など

必須情報は目に入りやすい位置に

サロンのイメージが伝わる写真やイラスト

今、行っているキャンペーンやサロンの特徴などの文章。トップページの文章には、検索で引っかかるキーワードを盛り込む

行き届いた情報

メニューやアクセスなど、お客様が知りたい情報がわかると予約しやすいです。

こまめな更新

季節限定の特典など情報が更新されていると、安心や信頼につながります。

ほかのサロンとの違いがわかる

“ロングコース専門”など特徴を明確に書くと、お客様が選びやすくなります。

STEP 05

メニュー、料金は明確に表示する

選んでいただけるメニューにする

お客様は費用と時間をかける分、どんな効果があるのかについて敏感です。そのため、メニューの特徴や魅力を明らかにして、ほかのサロンとの違いをわかりやすく伝えることが大切です。しっかりとメニューの詳細を掲載し、料金設定にも納得できるようなホームページにしておきたいものです。

たとえば、メニューがアロマトリートメントなら、どんな種類のアロマを使い、施術にはどんなこだわりがあるのかを伝えましょう。そしてその施術で何が解決するのか、どう役立つのか、どんな気分になるのかを書くことは、とくに大切です。

また、どんな人に向けて、どんなときにおすすめなのか、ターゲットとなるお客様層を想定しながらアピールしましょう。お客様はほかのサロンと比較しています。お客様に合うサロンとして、きちんと選んでいただけるような案内の仕方を心がけましょう。

細かな情報もしっかりと表示する

同じアロマトリートメントでも時間や料金が異なる複数のメニューを設定する場合は、それぞれのメニューの違いを明確にしましょう。目的、効果、どんなときに受けることがおすすめかなど、お客様自身で納得し、安心して選べるようにすると、お客様の満足度が高まります。

ほかにも、オプションやグッズの貸し出しなどのサービスも、料金まで細かく記載しましょう。延長やキャンセル時の料金も、わかりやすく記載されているとお客様も安心でき、サロンにとってもトラブルやリスクを減らすことができます。お客様にとって知りたい情報が詳しく記載されていると、気持ちよく選んでいただけます。お客様のニーズや質問に先まわりするように、必要な情報をしっかり伝えましょう。

メニューの違いを明確に提示する

施術内容と価格は、お客様が選びやすいように、
その違いがわかるような説明をしましょう。

メニュー

＊記載してある時間は、施術時間のみとなっております。
＊お着替え、メイク直し、コンサルテーションなどのお時間は、メニューに記載してある時間とは別に下記のお時間が必要です。
初回：約90分〜、2回目から：約60分〜　お急ぎの場合はご予約時にご相談ください。

溜まったお疲れをすっきり！
フェイシャル＋ボディ180分／18,000円（税込）

（アロマトリートメント全身→オーガニックフェイシャル→ヘッド）

セットでお得なフェイシャル＋ボディは、ほとんどのお客様がリピートされる、いちばん人気のメニューです。フェイシャル＋ボディの相乗効果で、溜まった疲れもすっきり！

肩こりさんのための
ボディ120分／16,000円（税込）

（お顔のツボ押し→日本式リフレ→全身ボディトリートメント）

上半身の疲れ・不調の多くは、首から上が原因のことが多いため、ボディトリートメントにも、お顔のケアが入っています。神経をリラックスさせながら、溜まった疲れを流していきます。

新鮮ハーブ
フェイシャル120分／16,000円（税込）

（リンパドレナージュ→デコルテ＋フェイシャル→ヘッド→仕上げパック）

つくりたてのハーブエキスで、現在の肌質を変え、オーダーメイドケアで肌とフェイスラインを整えていきます。1回の施術で結果を出せるフェイシャルです。

アニバーサリー200分／24,000円（税込）

（完全オーダーメイド）

特別な日の記念にサロンでトリートメントを受けていただけるスペシャルメニューです。がんばっているご自分へのごほうびとして年に1回、お好きな日程でご予約いただけます。

STEP 06

魅力あるプロフィールをつくろう

どんな人かわかるほど、安心できる

お客様はどんな基準でサロンを選んでいるのでしょうか？　じつは個人サロンの場合、ホームページのプロフィール部分を見る人がとても多く、サロン選びに役立てていることがわかります。

どんな人からサービスを受けるのか、お客様にとってはとても気になるもの。おうちサロンは、セラピストの人柄にひかれて来るお客様も多くいらっしゃいます。「この人となら、会って話をしてみたい」と安心して訪れてもらえるような、魅力のあるプロフィールづくりを心がけましょう。

お客様との接点が見つかるきっかけに

プロフィールは多くの場合、顔写真、経歴、資格、現在の活動、趣味などで構成されています。顔写真は必須ではないものの、掲載されていれば安心につながりますし、顔写真の印象が集客に大きく影響を与えるものです。載せない場合でも、代わりになる画像を用意するほうがよいでしょう。明るい照明で撮った施術中の姿、旅行中の横顔、似顔絵などでも、セラピストの雰囲気が伝わります。

経歴や資格は、書いてあると信頼につながりますが、たくさん書く必要はありません。アピールしたいことを中心に、短文を心がけるほうが効果的です。事実だけを並べるよりも、卒業したスクールでどんな体験をしたかなど、ストーリー性があるほうがよいですね。苦労話を書いたらハッピーエンドでしめくくるなど、プラスのイメージを大切にしましょう。また、過去の話ばかりより、現在の自分が大切にしていることや、今後どんなサロンにしたいかなどを盛り込んで。前職、ペット、趣味などの話からは、共通点を見出してもらえる可能性大です。情報がオープンで接点が多く見つかるほど、お客様は来店しやすくなります。

プロフィールはオープンマインドで！

セラピストのプロフィールは、サロンを選ぶ判断材料になります。
お客様に魅力的だと思っていただける内容を目指しましょう。

大内 かおり（Ouchi Kaori）

1985年1月生まれ、埼玉県川越市出身です。大学時代にアロマセラピーと出会い、その魅力にひかれてセラピストとしての道を歩んできました。サロン勤務経験から、もっとゆっくりお客様と向き合いトリートメントしたいと思い、サロンをオープンしました。体だけでなく心のトラブルにも、アロマの力でサポートしたいと思っています。

〈 略歴 〉

2007年4月　○○大学心理学部卒業後、大手化粧品メーカーに就職
2009年　AEAJアロマセラピストの資格を取得
2010年　都内サロンに勤務
2016年7月　自宅にてリラクゼーションサロン△△△を開業

〈 資格 〉

日本アロマ環境協会（AEAJ）認定セラピスト
シェア産業カウンセラー
日本心理学会　認定心理士

安心感

〈 スクール 〉

○○○アロマスクール
※メーカー勤務しながら毎週、通いました

親近感

〈 最近はまっていること 〉

最近はおいしいパン屋さんとコーヒー屋さん巡りにはまっています！　アロマの香りも大好きですが、パンとコーヒーのほんわかとした温かい香りも大好きです。おすすめのお店があったら、ぜひ教えてくださいね♪

STEP 07

お客様の声を紹介する

お客様は、サロンに行って変身したい！

サロンに予約するお客様は、お金と時間をかける分、その効果にとても期待しているはずです。美しくなりたい、自分を磨きたい、リラックスしたい、ストレスを解消したいなど、動機はさまざまでも「それまでの状態を変化させて、新しい自分を手に入れたい」という点では共通しています。

　実際に施術を受ける前に、サロンで施術を受けて変化した人の体験を知ることができれば、お客様の気持ちは「私もこうなれるのでは」「こんな風に変身したいと」サロンや施術への期待も高まり、予約したいと思っていただきやすいです。ホームページやブログなどで、お客様の声を載せることも集客方法の一つです。

お客様の感想のもらい方

お客様の声を載せるために、施術のビフォーアフター写真や感想をお客様に依頼することになりますが、依頼されることが苦手なお客様も多いです。そのため、通常利用のお客様にお願いするのではなく、アンケートや写真撮影に応じてもらう代わりに、お得な価格で施術が受けられるモニターやキャンペーンなどを企画するのがおすすめです。

　アンケートやお客様の声はできるだけ編集せず、「個人の感想です」という言葉と共に、お客様の言葉をそのまま掲載しましょう。広告表示法などの関係で、セラピストが、「３センチマイナス」「１キロ痩せました」「スッキリしました」「肌が白くなりました」など、結果をイメージされるコメントを書くことも厳禁ですので注意しましょう。

　お客様のビフォーアフターがわかる写真や顔写真を載せるのも効果的ですが、顔出し不可の場合、感想を書いたホワイトボードなどで顔を隠して写真を撮るという方法もよいですね。

施術後の写真を載せよう

サイトに施術をした後の写真があると、お客様に「私も、こうなれるのでは」「こんなふうに変身したい」と感じていただきやすくなります。施術効果がわかりやすいほど、お客様からの共感を得られやすいので、写真がある場合は掲載するのもよいでしょう。

お客様の感想を載せるときのポイント

施術を体験した方の声があるとクチコミのような心理が働き、安心感や信頼感が高まります。ぜひ、お客様に感想をいただきましょう。

効果的な掲載のしかた

- 直筆で書いてもらった感想を載せる。
- 顔は掲載せずに手だけなどでも、お客様が写っている写真を載せる。
- イニシャルやニックネームでよいので名前を書いてもらう。
- 日付や時間、受けたメニューを明確にする。

STEP 08

住所や電話番号の公開方法

おうちサロンならではの悩み

お客様にとっては、住所や電話番号など、サロン情報がすべてわかったほうが便利です。しかし、おうちサロンの場合は、セラピストのプライベート情報を公開してしまうことになります。セキュリティのことを考えて、集客ツールへの掲載に悩む人も多いことでしょう。

おうちサロンという特性を考えると仕方のないことですが、「個人宅ですから、住所は公開しておりません」という記載だけでは、お客様の立場からすると、歓迎されているように受け取れません。公開できない分、お客様の気持ちを考えた記載方法や配慮をするように心がけましょう。

言いまわしや表現方法で、印象が変わる

サロンの住所を伝えるときは、まずは大まかな場所がわかるように、町名、どの駅から徒歩何分くらいか、有名な公園や病院など近隣のランドマークとの位置関係といった目安を伝えるようにしましょう。そのうえで、詳しい住所やアクセスは、予約が確定したのちに伝える旨を書き添えると◎。とはいえ「それが当然」という書き方ではなく、お客様に親切な姿勢をアピールしたいものです。「わかりやすいと評判の地図をメールでお送りします」「ご来店の方法に合わせてアクセスをご案内しています」などと、おもてなしの気持ちを伝えましょう。そうすると、お客様もセラピストも安心してやりとりができます。

また、電話番号もお客様との大切な連絡手段。サロン用の番号を用意しておけば、お客様とセラピストの両方のプライバシーを守ることができます。固定電話に番号を追加したり、サロン専用の携帯電話をもったりすることもできます。どちらも高額ではないので、用意しておくことをおすすめします。

住所の上手な伝え方

**おうちサロンの場合、住所をどこまで公開するかが悩みどころ。
お客様とセラピスト、どちらも安心できる方法で伝えましょう。**

ホームページのご案内

町名までの住所、最寄り駅からの距離、目安となる建物を掲載。詳しい住所やアクセスは、予約確定後に伝える旨を記載します。

↓

ご予約確定時のメール

最寄り駅からの詳しい地図と、来店方法に合わせたアクセスを案内します。「おもてなし」の気持ちを忘れずに。

HPには、大まかな位置だけがわかる地図を載せるのもOK

サロン専用の電話番号をもとう

お客様とセラピストの両方のプライバシーを守るために、いちばん安心できるのはサロン用の番号を用意することです。既存の固定電話に番号を追加することもできますし、専用の携帯電話をもつのもおすすめ。どちらも高額ではないので、ぜひ検討してみてください。

STEP 09

効果的なページの見せ方

お客様の心に響く写真やデザインに

ぱっと見てビジュアルが素敵なデザインと、あまりわくわくしないデザインとでは、同じ内容が盛り込まれた集客ツールでも、お客様のリアクションがまったく違ってきます。とくにサロンを訪れる女性のお客様は、美しさ、ときめき、フレッシュなイメージなどに敏感です。サロンのサービス内容がどんなに優れていても、デザインや写真が素敵でなければ伝わりません。できればホームページの作成は、サロン業界に詳しいプロのデザイナーに依頼するほうが、集客につながりやすくなるでしょう。ただし、作成するのがプロでも自分でも、大切なポイントは同じです。ここでは「見せ方」に絞ってチェックしてみましょう。

素敵なサロンのホームページの共通点は？

印象のよいホームページといっても、凝っているデザインだとは限りません。シンプルでも、以下のポイントが守られていればイメージアップにつながります。

まずは「画面を見た人にすぐ、サロンのホームページだとわかること」。第一印象は、とても大切。検索してくださったお客様の期待を裏切らないよう、サロンらしいイメージカラーや写真で構成しましょう（↓１４１ページ）。次に「実際のサロンとホームページの印象に統一感があること」。お客様はホームページで感じたイメージで来店します。イメージと違うとなれば、なんだか残念な気持ちになりますよね。名刺やチラシなども統一したほうがリピートにつながります。そして「文章が読みやすく、写真がわかりやすい、明るくゆとりあるデザイン」。たとえば施術中の写真は、照明が暗めで、うつむき加減のぼんやりしたものになりがちですが、明るい照明でにっこりしていたほうが、好印象です。お客様の気持ちに先まわりして、期待に応えることを大切にしてくださいね。

ホームページをつくるときのヒント

HPはサロンの印象を決定づける、大事なツール。
ポイントをおさえて、雰囲気のある、よいサイトをつくりましょう。

ひと目でサロンだとわかるページ

サイトを開いた方がトップページの画面を見て、すぐにサロンのHPだとわかるデザインに。サロンらしいイメージカラーや雰囲気で、お客様の期待を膨らませましょう。

読みやすい文章

一文をダラダラと長く書くことはやめましょう。つい、いろんな情報を載せたくなりますが、要点を絞って簡潔にまとめることで、探している情報に目が行きやすくなります。

明るくてわかりやすい写真

実際のサロンと同じイメージ

「サロンらしい雰囲気で」とはいっても、実際のサロンと印象が違うのはNGです。イメージの相違は、サロンに対してマイナスの印象を与えます。

ココに注意！

パソコン環境によって見え方が違う

パソコンの環境によっては、サイトの見え方が違うことがあります。HPをチェックしてもらうときは、デザインやフォントがおかしくないかも確認してもらいましょう。

STEP 10

お客様をひきつける文章の書き方

読みやすさ、わかりやすさが何よりも大切

ブログやホームページは、じっくり検討してから予約したいお客様にアピールするにはぴったりです。とはいえ、たくさんの文章を読むのは苦手と感じる人も多いですから、何を、どんなバランスで書くのかには十分な配慮が必要になります。

トップページの、タイトルをはじめとするもっとも上の目立つ部分には、いちばんアピールしたいことだけをわかりやすく際立たせましょう。さらに、お客様が検索に使うと思われるキーワードをピックアップして、文章に盛り込むことも大切です。おすすめしたいサービス、ほかのサロンにはない特別な情報、新しく導入したマシンなど、お客様の気持ちにヒットするポイントも短い文で印象づけましょう。トップページが整理されていて読みやすいと、ほかのページもクリックしてみたくなります。

こまやかな配慮で、さらに親しみやすく

ファンづくりにつながる文章を書くには、いくつかのコツがあります。

まず「むずかしい言葉を使わないこと」。専門用語は避けましょう。また「一文が長くなりすぎず、適度に改行し、ページ全体の文章量も少なめにすること」。じっくり読んでもらうには、こうした配慮が大きな効果をもたらします。そして「です・ます調のていねいな文章で統一すること」。お客様のことを大切に考えている気持ちを表現しましょう。さらに心をくすぐるために「五感を刺激する演出」を加えましょう。たとえば「お部屋は淡いローズピンクで統一し、窓辺にグリーンを並べています」「柑橘系の香りでリフレッシュできますよ」「施術後は、体がポカポカになるそうです」などです。お客様の期待を高めるような表現を工夫して、アピールしましょう。

文章を書くときのポイント

HPなどの文章を書くときは、どんな方が読んでもわかりやすいように、バランスを意識して書きましょう。

むずかしい言葉は避ける

専門用語などのむずかしい言葉を使うときは、一般の人にわかりやすいような表現に変えるなどの工夫をしましょう。

適度な文章量

文字が多すぎるのはNG。ページ全体の文章量、一文の文字数、改行する位置など、読みやすいように配慮を。

です・ます調で統一

文章の最後は、です・ます調で統一するのがおすすめです。HPはサロンのご案内。ていねいな文章だと、好印象です。

五感を刺激する演出

「さわやかなハーブの香りがあふれ……」など、五感に訴える表現を加えると、サロンの雰囲気がイメージしやすくなります。

第三者の目でチェックする

HPができたら、家族や友人などに見てもらうとよいでしょう。誤字脱字や案内漏れなど、自分では気づかないことがあるかもしれません。ページのリンクができていないなど、システム上の不備がないかもチェックしてもらいましょう。

STEP 11

クチコミによる集客効果

自分の想いを伝えることからはじめましょう

「お客様は増えるのかしら」「営業しなきゃいけないかな」と、だれでも最初は不安になるものです。でも、焦らないでください。おうちサロンを成功させるためには、ハードルの高そうなトライよりも、まず身近な人に自分の想いを伝えることからはじめましょう。

　ふだんの暮らしで接している友人、知人、親戚、仕事で出会った方々など、まずは伝えたい人を思い浮かべてみてください。「こんな人の役に立ちたい」「こんな悩みをなくしていきたい」という想いに共感してくれる方は、きっとたくさんいるはずです。会話だと想いがまとまらない場合は、ブログなどに文字で表現してみてもよいでしょう。

　女性はとくに、素敵だと感じれば、それを話題にして共有するのが大好き。クチコミ効果は、そうやって高まっていくのです。

クチコミで応援される人になるには

　おうちサロンの場合、クチコミでお客様が広がっていくことが多いです。大切なのは、お客様を増やそうという意欲を前面に出すのではなく、想いがしっかり伝わるように話すこと。「売り込みされている」と感じたら、ほかの人に安心して紹介できなくなるからです。

また、心のこもった施術やサービスは、人から人へ自然に広まっていくということも忘れないで。応援してくださる一人一人のお客様に十分に満足していただくことこそが、想いを伝えるもっともストレートな方法なのです。

　さらに、クチコミでの紹介に感謝の気持ちを表すためには、特典を用意するのもよいでしょう。ただし、その場合は紹介した人とされた人の両方に。両方を大切にする姿勢があってこそ、安心して紹介できるサロンというイメージをもっていただけます。

クチコミは信頼の証

素敵な店があると、だれかに教えたくなるもの。
おうちサロンは、クチコミでお客様が増えていくことが多いのです。

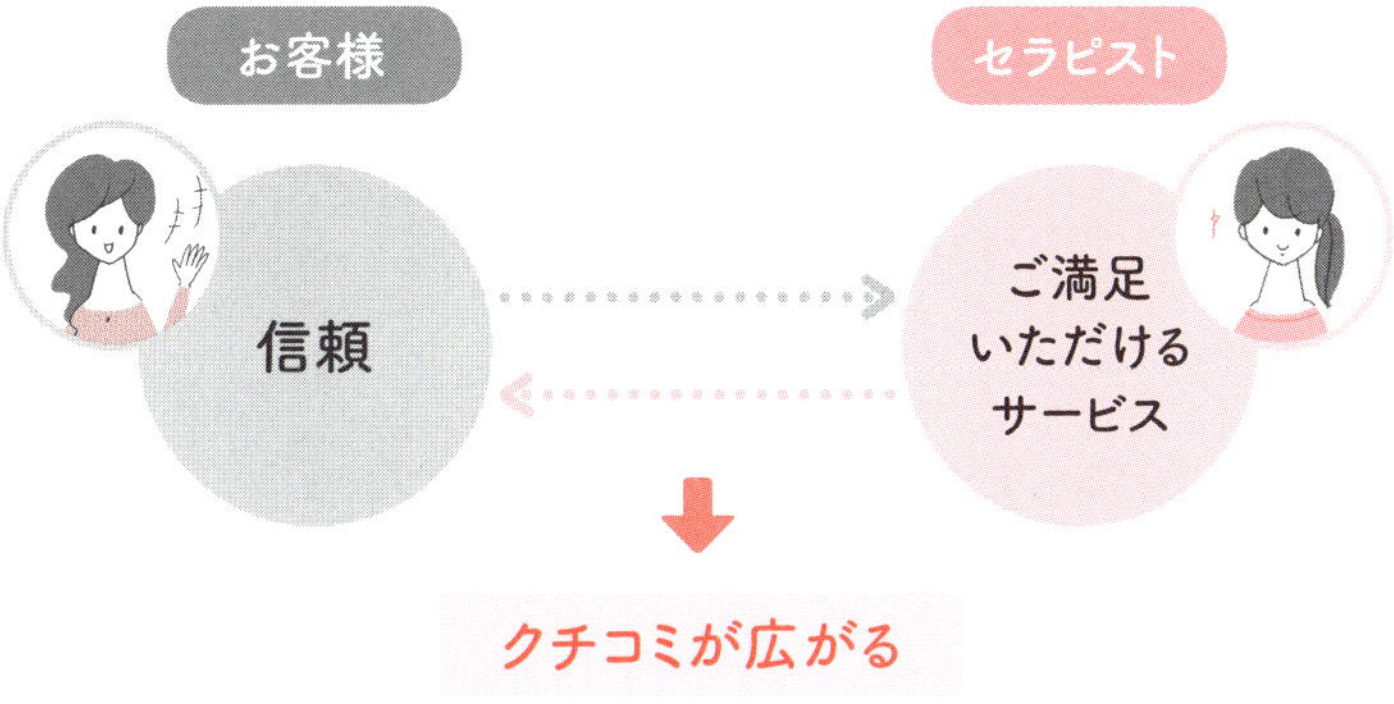

おうちサロンは、お客様とセラピストの信頼で成り立っています。お客様の一人一人に心のこもったていねいな施術をしていれば、しぜんと「あのサロンは素敵だよ」とクチコミが広がります。まずは、ていねいな施術、サービスをすることが何よりも大切です。

ココに注意！

売り込み感を出さない！

商品やサービス、サロンのよさをアピールすると売り込み感がアップしてしまいます。お客様に不快感を与えないように、自分の想いや夢をアピールするようにします。

STEP 12

モニター価格を活用する

はじめてのお客様が来店するきっかけに

お客様を呼び込むためには、価格設定も悩みどころの一つですね。クオリティの高いサービスに、それなりのプライスをつけたいけれど、お客様に納得いただけるかどうか不安になる人もいることでしょう。

そんなときは、モニター価格を導入するとよいでしょう。これはお試し価格でサービスし、お客様に感想を伺ったり、それを宣伝に役立てたりするためのものです。はじめてのお客様にとっては、こうした特別な価格設定が、来店の大きなきっかけになることも多々あります。「今なら安いから行ってみようかな」と、意欲が湧くからです。

「気持ちよかった」「リラックスできた」という感想をもらうだけではなく、「改善したほうがよいことが一つ」「もっとこうならよかったのにということを1点」など、改善ポイントもヒアリングしましょう。

モニター価格を設定するときの注意点

とはいえ、モニター価格にもルールづくりが大切です。まずは「お客様の反応を確かめるための価格」であることをハッキリさせましょう。そのためには期間、回数、人数などを限定して、それを超えたら本来の価格へ移行すると決めておく必要があります。移行のタイミングがわからず、いつまでもモニター価格のまま……という困った事態に陥らないように気をつけましょう。さらに無料にはしないこと。本当に価値のあるサービスなのか疑われますし、リピートするつもりのないお客様が増える可能性もあるからです。

なお、新メニューのモニター価格は、リピーターの方に優先して案内する、紹介で来られたお客様には積極的にモニター価格をおすすめするなど、上手に使うことで、サロンのファンづくりに大きな効果が見込めます。

モニター価格のメリット

「本当にこの価格で大丈夫？」と不安な人は、本格的なオープンの前に、
モニター価格でお客様の反応を見るのも一つの手です。

- 新規のお客様の来店のきっかけになる
- お客様の反応を見ることができる
- サービスの改善点が見つかりやすい

モニター価格のルールの目安

オープン前のモニターの場合

期間は1～3か月、人数は20～60名ぐらいが目安です。月に1～2回通ってもらえるぐらいの回数がベスト。たとえば、期間が1か月なら、1名1回で20名までという感じです。

新メニュー導入のモニターの場合

あくまで施術に慣れるため、お客様の感想を得るためということを忘れずに。かなり練習が必要というサロン側の都合がない限りは、限定5～10名で十分です。

どちらも金額は、通常価格の半額～3割引程度までがおすすめです。

ありがちな失敗はこう回避！

ホームページ制作のトラブル

HPはサロンの顔。だからこそ早めに開設したいものですが、コンセプトに合ったページにしたいのにうまくいかないことがあります。

失敗例

高額のリース契約を結んでしまいました。

HPを制作会社に依頼しました。月々の支払いが安かったのでリース契約をしたのですが、HPのできはイマイチ。解約をしたくても途中解約もできず、5年契約で支払いの総額は何百万にもなってしまいました。

これでOK！

悪徳業者はしっかり見極めましょう。

「HPはプロにお願いしたい」と意気込んでお願いした制作会社が、じつは高額のリース契約を提案する悪徳業者だった、ということがあります。たとえば、「月々の支払いは3万円で済みます」と聞くと安く感じますが、5年契約なら総額が180万円に。リース契約をすると、途中解約に高額な違約金が必要になり、長期間の契約中、HPデザインを大きく変更できないことも問題になってきます。ほかにも、安く引き受けてくれるデザイナーに依頼したら、途中から音信不通になった、友人にお願いしたらいつまでも完成しない、といった失敗例もあります。

HP制作を依頼するときは、つくりたいデザインや機能の相場を調べてから、信頼できる相手を見極めることが大切です。いいなと思うHPがあれば、制作会社を調べて依頼したり、同業者に依頼してよかったところを聞くようにしましょう。

Part

6

リピートしたくなる接客術

通いたくなるサロンとはどんなサロンでしょう？
細やかな気づかいなどのおもてなしやセラピストの人柄、
施術のていねいさは、安い、近いという理由よりも重要です。

STEP 01

お問い合わせしやすい環境を整える

サロン用の電話番号があるとベスト

あなたがもし、おうちサロンを予約するとしたら、住所も電話番号もアドレスもすべて非公開のサロンに行ってみようと思うでしょうか?

おうちサロンの場合、電話番号を非公開にしているサロンは多いですが、お客様とのご連絡用やご予約用の電話番号は、自宅とは別に用意するのがおすすめです。お客様がお問い合せしやすいだけでなく、サロン用とプライベート用を分けておけば、お客様とセラピストの両方のプライバシーを守ることができます。

ひかり電話などは、オプションで追加の電話番号を月額数百円でもてますし、携帯電話も安いプランなら、月額2000円程度の負担です。

スムーズな対応のための工夫

おうちサロンを一人でまわしていると、施術中や接客中など電話に出られないことが多いです。そのため、事前に留守番メッセージにオリジナルのメッセージを入れておくと便利です。サロンの状況をお伝えして、お客様のお名前とご連絡先を残していただきましょう。

また、イタズラ電話の予防に、非通知の電話は受信しない設定にしておくと安心。さらに、迷惑電話の番号を登録できるアプリや電話機を使うことで、イタズラ電話やしつこい営業電話を避けることもできます。

電話で受け答えをする際は、聞き漏れや聞き忘れが起きやすいので注意が必要です。あらかじめ聞くべきこと、お伝えすべきことをリストにして、すぐに確認できる状態にしておくとよいでしょう。

メールやメールフォームの場合は、24時間または48時間以内に返信することが、ネットマナーになっています。せっかくのチャンスを逃さないためにも、返信はできるだけ早くしましょう。返信用メールのテンプレートを用意しておくと便利です。

お客様と自分が安心できる工夫を

おうちサロンのおもてなしは、お問い合わせ時からはじまっています。お客様もセラピストも安心できる環境を整えておきましょう。

ご予約用の電話番号を設ける

お客様がお問い合わせしやすいだけでなく、家族がお客様からの電話に出ることも防げます。サロン専用の携帯電話をもつのもおすすめ。

非通知の電話は受信しない設定にする

非通知や迷惑電話の番号を登録し、受信しない設定にしておくと、イタズラ電話やしつこい営業電話を避けることができます。

聞くべきこと、お伝えすべきことをリスト化する

電話での聞き忘れやお伝えし忘れがないように、それらをリスト化しておき、すぐに確認できるように準備しましょう。

メールの返信はできるだけ早めにする

メールの返信をどのぐらいでしているか、目安をHPやブログに記載しておくと、お客様も安心ですね。

女性専用サロンの場合はその旨を明記しておく

女性専用のサロンなら、その旨をあらかじめお問い合わせフォームの近くなどに明記しておくと安心です。

STEP 02

ご予約時に確認すること

オープンハートが信頼につながる

「プライバシーを守るため」とセラピストやサロンの情報は公開しないのに、「どんな人が来るかわからないと不安だから」とお客様の個人情報は過剰に確認するクローズドハートの状態では、お客様の信頼を得ることはむずかしいでしょう。

不安な気持ちはお客様も同じです。もちろんプライバシーが気になると思いますが、サロンの仕事はセラピストがオープンハートでお客様に接することが大切です。予約フォームや予約電話で、お名前、ご連絡先以外に確認することは、顧客サービスや施術に必要なことに限りましょう。

施術と顧客サービスに関することをチェック

では、お名前とご連絡先以外に確認しておくべきことを具体的に確認しましょう。

- ご希望のお時間…予約フォームやメールなら、第1希望だけでなく、第2、3希望も確認するとよいでしょう。また、お帰りの時間の希望もお伺いしておくと安心です。
- ご希望のメニュー…メニュー以外に肌や体調などで相談したいことも確認しておくと、当日のコンサルテーションがスムーズになります。
- 施術をするために事前に確認が必要なこと…「肌質を選ぶフェイシャルで、肌の状態を確認する」など、当日聞くのでは間に合わないことは事前確認を。
- アクセスをご案内するために必要なこと…ご来店の手段（車、電車、徒歩など）と、お住まいの都道府県を確認します。

そのほか、女性専用のサロンなら、予約フォームに性別を入れる項目をつくっておくことをおすすめします。女性専用と書いてあっても、うっかり男性がご予約されることが、ごくまれにあります。

ご予約時にお聞きすること

ご予約のお問い合わせ時は、顧客サービスや施術に必要なことだけ確認するようにします。

お名前（氏名）

お問い合わせ時は必要ないですが、ご予約いただく際にはお聞きします。

ご連絡先

連絡が取れやすい番号やメールアドレスをお聞きしておきます。

ご希望のお時間

第3希望までお聞きしましょう。お帰りの希望時間も確認すると◎。

ご希望のメニュー

メニュー以外に、肌や体調などで相談したいことがあるか確認します。

施術をするための事前確認が必要なこと

肌の状態など、当日確認では間に合わないことをお聞きします。

アクセス案内に必要なこと

来店の手段とお住まいの都道府県をお聞きしておくと案内がスムーズ。

性別

女性専用でも、うっかり男性がご予約することがあるので再確認を。

Point

予約フォームがあると便利！

予約フォームを設けておくことで、聞き漏れを防ぐことができます。また、予約の電話に出られなかった場合でも、予約フォームがあると24時間受け付けられるので安心です。

STEP 03

お断りをするケース

できないことを明確にする

おうちサロンのルールは、経営者であるセラピストが一人で決めることになります。お客様の希望を叶えたい、ご予約が少ないから逃したくないという気持ちが強すぎると、ついつい無理をしてでもお客様の望みを叶えなければ、と思ってしまいます。

そのため、営業時間外や当日のご予約など、本来お断りすべきリクエストにも、ご予約が少ないときには受けてしまいがち。しかし、こちらは一度だけと思っていても、お客様は「一度大丈夫なら、次回も大丈夫」と期待してしまいます。とくに、クチコミが多いサロンの場合は「あの人が大丈夫なら、私も！」と、どんどん広まってしまうことも……。

できないことに無理に応えようとしたり、安易に特別なリクエストを受け付けたりすることはやめておきましょう。

希望を叶えるための提案をしよう

お客様のリクエストにお応えするかどうかは、「それを今後も継続して受けることができるか」「すべてのお客様に対応できるか」ということを基準にして、判断しましょう。

対応できない場合は、一方的にお断りするのではなく、お客様の希望が叶うように自分ができることを考えることが大切。たとえば男性不可、妊婦さん不可としていても、どうしてもしてほしいというお問い合わせがくることがあります。できない理由をお伝えして、ご理解いただけるようにお願いすることにはなりますが、ただお断りするよりも対応可能なサロンを事前に調べておき、「このサロンでしたら大丈夫ですよ」とご紹介できると親切ですね。自分の実力を超えたリクエストには、卒業したスクールのサロンや先輩サロンなど信頼できる紹介先をつくっておきましょう。

お客様の希望がむずかしいときは？

はじめはご予約が入らず、どんな希望も受けてしまいがち。
できないことや続けられないことは、断るのがお客様とサロンのためです。

お断りするときの心得

- HPやブログに明記し、事前にトラブルを防止する
- 既存リクエストでも、継続がむずかしいものはお断りする勇気をもつ
- 「どうしても」というお客様には、追加料金がかかるサービスとして検討する

お断りするケースの例

- お客様の希望に応えられないと判断した場合
- 継続することがむずかしいサービスの場合
- 前回、連絡なしのキャンセルをしたお客様
- 感染症や、ケガなどがある場合

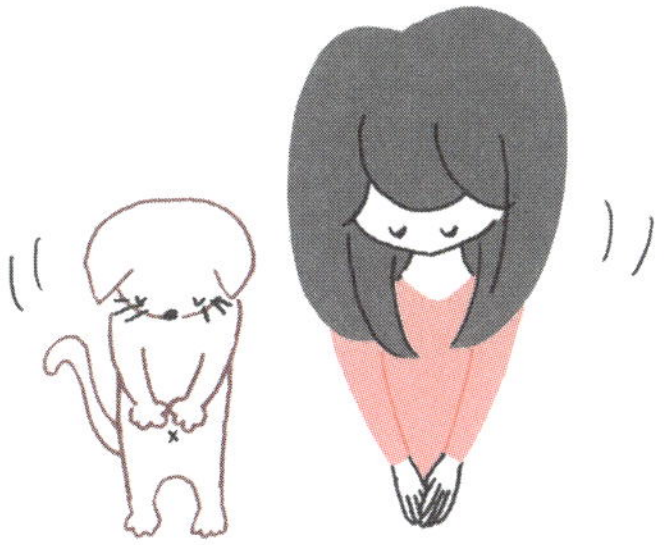

Point

ただお断りするよりも、ご提案をすると◎

お断りをするときは「できません」と一方的にお伝えするのではなく、お客様の要望に応えられるサロンをご紹介できると、お客様にご理解いただきやすくなります。

STEP 04

ご予約確定時にお伝えすること

勘違いを防ぐためのお知らせ

施術の日時やメニューが決まったら、さっそくご予約確定のお知らせと、当日のご案内をしましょう。

電話でご予約のやりとりをした場合でも、ご予約いただいた内容をメールやＦＡＸなどの文章で残しておくようにしましょう。言い間違いや聞き間違い、伝え漏れていたことなどがあるかもしれません。大きなトラブルになる前に、お互いの確認の意味を込めて、改めてお伝えしましょう。

ご予約確定時用のメールフォーマットをつくっておけば、伝え漏れを防ぐことができます。

当日のご案内と注意事項

ご予約確定時のメールでは、施術内容のほかに、当日のご案内と注意事項をお伝えします。

- アクセス…車の方には駐車場のご案内のほかに、遠方ならインターチェンジからのアクセスを、近場の方なら近所の目印の店などをご案内します。電車の方は駅からの道順、乗換方法もご案内すると完璧。
- 地図…オリジナルの地図を用意する場合は、目印の店などの閉店・改装などを定期的に確認しましょう。具体的な店名などを書き、昼でも夜でも目立つものにすると、お客様が迷われません。
- 入店可能時間…早めのご来店は準備が整っておらず、ご案内がむずかしいこともあります。何分前からご案内可能かをお伝えしておくと安心です。
- 遅刻、キャンセル対応…キャンセルの連絡はいつまでに必要か、遅刻する場合の連絡先と対応など、トラブルになる前にお伝えしておきます。
- 施術をお断りする条件…感染症やケガなど、施術をお断りする条件もお伝えしておくと安心です。

そのほかに、子ども連れが可能かどうか、ペットを飼っている場合はその旨などもお伝えしましょう。

当日のご案内事項

いよいよご予約が確定したら、施術日時と内容のほかに、当日のご案内をしましょう。

アクセス

駐車場や近所の目印の店など、お客様の交通手段に合わせてご案内しましょう。カーナビやナビアプリ用に、住所をお伝えすることを忘れずに。

地図

目印の建物は、夜間でもわかるものに。お客様が迷ったポイントをお伺いして、よりわかりやすい地図になるように手を加えていきましょう。

入店可能時間

はじめておうちサロンに行くお客様は、余裕をもってご来店される方もいます。何分前からご案内可能かをお伝えしておくと安心です。

遅刻、キャンセル対応

連絡なしのキャンセルに備えて、何分以上経つとキャンセル扱いになるかも明記しておくと、セラピストの負担が減ります。

施術をお断りする条件

感染症やケガなど、施術をお断りする条件もお伝えしておくと安心です。

Point

メールやFAXに残すことでトラブル防止に！

電話での連絡は、「言った」「言わない」のトラブルに発展しやすいもの。電話でのやりとりがあっても、改めてメールやFAXなどの文章で確認するとお互いの勘違いが防げます。

STEP 05

前日の確認メールを送る

ダブルブッキングや直前のキャンセルを防ぐ

じつは、リマインドメール（前日の確認メール）を送るサロンは意外と少ないです。おうちサロンはセラピスト一人というのがほとんど。接客以外の事務作業も多いため、そこまでは対応できないというのが現実かと思います。

しかし、リマインドメールはダブルブッキングや勘違いなどのご予約時のトラブル、直前のキャンセルなどを防いでくれる効果があります。まだ開業したばかりで余裕があるなら、送ってみてください。お客様もセラピストも安心して当日を迎えられます。とくに、はじめてご来店いただくお客様には、ぜひ送ってくださいね。

さまざまな場面を想定しておく

前日メールでお伝えすることは、ご予約の時間とメニュー、金額、おおよその終了時間、アクセス、連絡先、サロンのホームページやブログのＵＲＬなどです。

高額メニューのご予約で、お支払い方法が現金のみの場合、その旨もお伝えしておくと親切です。コンタクトレンズやメイク直しに関して事前に用意してもらうものがある場合、食事やメイクなど施術を受ける前の注意点、キャンセルについてもお知らせしましょう。

基本的には確認する事項をお伝えするだけでよいのですが、サロンやメニューの期待を高めるようなメッセージを添えると素敵ですね。ふだんはリマインドメールを送らない場合でも、台風や雪などの天候不良が予測されるときは、前日にご連絡するようにしましょう。当日、天候の状態を確認してからキャンセルする場合も、何時までに連絡すれば大丈夫かをお知らせしておくと、サロンとしても対応しやすくなります。

また、近日中にその方の希望の日程で変更が可能な場合は、それも合わせてご案内しましょう。

前日メールでお伝えすること

リマインドメールを送ると、お客様とセラピストが安心できるだけでなく、勘違いや急なキャンセルを防ぐ効果があります。

〈 メールの文例 〉

〇〇〇〇様

こんにちは。
リラクゼーションサロン△△△の大内です。

①ご予約時間
明日、2/15（月）15：00から、首肩スッキリコース80分（10,000円）のご予約でお待ちいたしております。
②メニュー ③金額
施術後は、お疲れの溜まった首や肩がふわっと軽くなって、動きもスムーズに！
ぜひ、楽しみになさってくださいね。

④おおよその終了時間
全体のお時間は2時間近くかかることもございます。
お支払いは現金のみとなりますので、ご了承ください。
⑤お支払い方法
ご予約のコースはメイクを落としませんが、お化粧くずれが気になる場合は、
お化粧直し用のメイク道具だけご自分のものをご持参ください。
うつ伏せが長めですので、コンタクトレンズを外したい場合は、ケースをお持ちください。
⑥事前に用意するもの
当日は事前に温かい水分を多めに摂取していただくと効果的です。
また、食後すぐにならないようにご注意ください。 ⑦注意点
もし、キャンセルやご変更になる場合、11時までにご連絡をお願いいたします。
ご不明な点は、事前にご遠慮なくお問い合わせください。 ⑧キャンセルについて

サロンの地図をメールに添付しております。 ⑨アクセス
お気をつけてご来店くださいませ。お待ちいたしております！

＋＋＋＋＋＋＋＋＋＋＋＋＋＋＋＋＋＋＋＋＋＋＋＋＋＋＋＋＋
リラクゼーションサロン△△△
TEL：090－0000－0000 ⑩連絡先
MAIL：XXXXXXX@XXX.ne.jp
HP：http：//＊＊＊＊＊＊.com ⑪URL
東京都〇〇区〇〇町3－4－5

STEP
06

ご予約当日にチェックしておきたいこと

清潔感が何より重要

おうちサロンの店内で気を使いたいところは、素敵なインテリアやセンスのある小物……ではなく「清潔感」です。「リピートしないサロン」の理由のトップ3に必ず入るのが、清潔感の欠如です。

家自体が古いのを気にしたりするよりも、落ちる汚れは徹底的に落とすこと。落ちない汚れは、インテリアを工夫して隠すようにします。簡単に交換や買い替えができる小物などの使い心地がよくなかったり、使い古し感が目立つのも厳禁です。ゴミやほこり、髪の毛などは、しっかり取り除きましょう。

お客様の動線や、視線の先を意識して掃除することがポイントです。

急なキャンセルがあったら…？

リピートのお客様なら、前回のお客様記録のチェックも忘れずにしておきましょう（→184ページ）。

施術の内容や結果だけでなく、来店方法や飲みものの好み、寒がりか暑がりかなど、スムーズなご案内に役立つことは、毎回記録しておくとよいでしょう。以前、購入いただいた商品についてもメモしておけば、アフターフォローができますね。

当日に、急なキャンセルのご連絡をいただく場合があります。キャンセルは残念なことであり、がっかりする気持ちも理解できますが、心や体の不調が大きいときや天候不良のときに無理をしてもらってもトラブルの原因が増えるだけです。不満な態度をあからさまにしてしまえば、二度とご予約いただけない可能性もあります。「予定外の時間を手に入れることができた」「今日の収入は次回のご予約時に延期になるだけ」と、お客様の希望を気持ちよく受け入れるようにしてみてください。ご連絡いただいたことに感謝し、手に入った自由時間を有効に使って次につなげましょう。

心地よいサービスをする準備

おうちサロンで大切にしたいのが「清潔感」と「細やかな気づかい」です。
お客様を迎える前にチェックしておきましょう。

①家のなかの掃除

- □玄関はきれいか?
- □トイレや洗面台は汚れていないか?
- □タオルに髪の毛や糸がついてないか?
- □プライベートのものが目につかないか?　など

➡ **お客様の動線や視線を意識する**

②前回のお客様記録をチェックする

- □来店方法は何だったか?
- □寒がりか暑がりか?
- □施術中にトイレに行かれるか?
- □飲みものの好みは?
- □購入いただいた商品はあるか?　など

➡ **細やかな気配りや、アフターサービスの準備をする**

ココに注意!

急なキャンセルでも不満な態度は控えて

声色や態度のちょっとした変化は、自分自身では気づかなくても、お客様には伝わりやすいものです。電話でも、いつもと変わらず明るく対応すれば、次の予約につながります!

STEP 07

お客様のお迎えからお見送りまで

接客のシミュレーションをする

開業する準備が整ったら、お迎えからお見送りまでのシミュレーションをしてみましょう。家族や友人などに、モデルをお願いできるようでしたら、ぜひ実際にご案内してみてください。わかりにくい点や気になった点など、さまざまなアドバイスをもらいましょう。

モデルがいなくても、実際にお客様がいることをイメージしながら、お迎えからお見送りするまでの流れを声に出して動いてみます。その様子をスマホで動画撮影したり、音声を録音したりすると、あいさつや案内のタイミング、スピード、滑舌、身ぶり手ぶりなど、気づかされることが多くあるはずです。

シミュレーションは通常パターンだけでなく、天候の悪いときについても、考えておくことが必要です。雨天時のために、濡れた傘や靴、カバンをケアする用意、上着やお召しものが濡れていた場合の対策、お帰りの際の急な雨用の雨具などがあると安心です。

「なんとなく不快」を減らす

さらに、自分がお客様になったつもりで、案内されるシミュレーションもしてみましょう。

案内してくれる人はいないので、イメージトレーニングになりますが、実際にカウンセリングテーブルについてカルテに記入し、お客様用の飲みものを飲んでみましょう。着替えをしてベッドに寝て、再び着替えてメイク直しまで、ひと通り体験してみましょう。

実際に体験してみると、ペンが思ったより書きにくい、ハンガーの数が少ない、着替えスペースが狭い、着替える際に視線が気になる、ベッドの上り下りが大変など、ちょっとした不快に気づくことができます。クレームを出すほどではない、「なんとなく不快」をどれだけ減らすことができるかが、サロンの印象を大きく左右します。

シミュレーションをしてみよう

サロンの準備がひと通り終わったら、家族や友人にお願いして接客のシミュレーションをしてみましょう。改善点が見つかるはずです。

お迎えからお見送りまでの流れを声に出して動いてみる

とくに、お客様とセラピストの動線を気にしてみましょう。どちらかがスムーズに動けない場合は、改善の余地ありです。

動画撮影や音声を録音してみる

話し方や声のボリュームなどは、自分自身ではわかりづらいもの。身ぶり手ぶりなどの動作も、気づかされることが多いです。

天候が悪いときを想定してみる

雨天のときの対応も考慮しておくと、いざというとき慌てずに済みます。濡れた傘や靴、カバンなどをケアする用意をしておきましょう。

案内される側になってみる

お客様の立場になって案内される側も体験してみましょう。お迎えする側では気づかなかったことに気づくことができます。

Point

“ちょっとした不快”を減らすことが大切

おうちサロンという特別な空間に来たのに、モヤモヤした気持ちになってしまったら残念ですよね。小さな不快を減らすことが、「また行きたい」と思っていただく秘訣です。

STEP 08

お客様への接し方の基本

愛情をもって接客を

お客様との接し方でマナーやサービス、ホスピタリティなどを学ぶことが多いでしょう。その基本は、目の前のお客様に愛情をもち、大切にすることです。

不快感というのは、緊張やイライラ、不安などのマイナス感情を引き起こし、ストレスを与えます。ストレスを軽減したいと思ってサロンにご来店いただいたのに、別なストレスを感じさせてしまうのは、本末転倒ですね。サロンで、お客様が不快感を覚えてしまうと、どれほど高い技術力があっても、十分にその効果を体感していただけなくなります。逆に、サロンの「おもてなし」が素晴らしく、心地よくリラックスして幸福感を感じられたらどうでしょうか？　施術の前に十分にリラックスして、心も体も緩んだ状態になっていれば、施術効果もより高くなります。ストレスフルな状態にさらされることが多い日常生活のなかで、ご予約前からお帰り後まで、ストレスをほとんど感じることなく快適に過ごしてもらえることは、ある意味で特別な、非日常となります。

あなたにしかできない「おもてなし」を

お客様が不快にならないようにするだけでなく、不安や戸惑ったりすることのないように配慮することが大切です。それはご来店時だけでなく、ホームページやブログ、ご予約メールの文章、電話対応、アフターフォローのお礼状やニュースレターなどでも同じ。常に、お客様の心地よさを追求することが、サロンのクオリティを高めます。「おもてなし」は、サロンの心がまえであり、セラピストと一人のお客様の間の関係性です。自分なりの「おもてなし」を追求していくことは、技術や設備、目新しいメニューなどと違い、ほかのサロンには真似のできない特別なサービスとして、差別化につながります。

サービスの質がサロンのクオリティを左右する

どんなに素晴らしい施術をしても、お客様がマイナスの感情を
もってしまうと、その効果は半減してしまうものです。

心地よいサービス

技術力 × プラスの感情
＝ 施術効果が、より高くなる

不快なサービス

技術力 × マイナスの感情
＝ 施術効果を体感しづらい

接客以外でも、おもてなしの心をもつ

接客の基本は“目の前のお客様に愛情をもって接すること”。接客中はもちろんですが、HPやブログ、ご予約メールの文章、電話対応、アフターフォローのお礼状など、目の前にお客様がいない場面でも、いかにおもてなしの心をもつことができるかが大切です。

Point

自分流のおもてなしが何よりの差別化

技術や設備は勉強をしたり、お金をかけたりすれば真似できること。自分なりのおもてなしでお客様と関係性を築くことは、ほかのサロンには真似できない差別化のポイントです。

STEP 09

お客様へのヒアリングとフィードバック

顧客満足度がリピート率を上げる

リピート客を増やす方法はさまざまありますが、本当に大切なのは、ノウハウ的なテクニックではありません。どれだけお客様の希望に応えられたか、期待以上の接客・施術をしたか、というのが何よりも大切です。つまり、「顧客満足度を高めること」。これがリピート集客において、いちばん重要になるのです。

サロンやセラピストから見て素晴らしい施術結果を出すだけでは、顧客満足度を高めることはむずかしいのです。これはあくまでも「お客様がどう感じるか」という、お客様の気持ちを重視したものでなければ、満足度は高まりません。

顧客満足度を高めるには？

ここでさっそく、顧客満足度を高めるための流れを紹介します。

1 はじめのカウンセリングで、お客様の希望や悩みをヒアリングする。

2 カウンセリングやヒアリングした内容から、プロの視点でお客様が気づかない悩みやトラブルを示す。

まず**1**、**2**を行うことで、お客様ご自身が自分の潜在的な悩みまで、はっきりと意識することができます。

3 希望や悩みの原因の解決策として、必要なセルフケアを施術前にご提案する。

4 セルフケアでは対応できない悩みについて、サロンのメニュープランをご提案する。

3、**4**で物販の商品や回数券の紹介、これから受けるメニューのよさをお伝えします。

5 お客様の悩みを解決できるよう施術を行う。

6 アフターカウンセリングで施術効果の確認を一緒に行い、サロンに通うメリットを実感してもらう。

お客様の希望や悩みをヒアリングし、しっかりフィードバックできれば、顧客満足度が高まります。

お客様に満足していただくには？

顧客満足度を高めるには、お客様の声を聞いてしっかり応えること。
それができれば、リピーターが増えていきます。

1
カウンセリングで
希望や悩みを
聞く

2
プロの視点で
お客様が
気がついていない
悩みやトラブルを
示す

3
解決策として
必要なセルフケアを
ご提案

4
セルフケアでは
解決できない
悩みに対し、
サロンのメニューを
ご提案

5
悩みを
解決できるように
施術をする

6
施術の効果を
一緒に確認する

↓

顧客満足度アップ！

↓

リピート率が上がる！

STEP 10

スマートなお会計の仕方

用意しておきたい、お会計アイテム

お会計のために準備が必要なのは電卓、お金をのせるトレー、おつり、領収書です。

暗算でできることでも、電卓で計算してお客様にきちんとお支払い額を示すことで、明朗会計を印象づけられます。数字が見やすく、サロンのインテリアに合ったデザインのものを用意しましょう。

施術代金やおつりの受け渡しは、専用のトレーを用意することがマナー。サロンのイメージに合っていること、そして実際に小銭やお札をのせたときに取りやすくて扱いやすいものを選びましょう。

おつりは、できれば新札を用意しておきたいもの。銀行や郵便局によって、対応可能な枚数や手数料が違うので注意が必要です。また、窓口でしか両替できないことも多いです。サロンを営業していると、おつりの管理は意外と手間になるので、両替が可能な銀行や郵便局を事前に確認しておき、多めに準備しておくことをおすすめします。

領収書は複写式にしておくと、手間が省けます。住所やサロン名は、一枚ずつ記入するのではなく、ゴム印やスタンプ印などを活用しましょう。高額メニューや回数券などがあるサロンは、収入印紙の用意も忘れないようにしてくださいね。

クレジット決済に対応していると◎

さらに、クレジットカードで精算ができると、より高額なメニューや物販なども動きやすくなります。

数年前まではクレジット導入には、さまざまな制約がありましたが、今は楽天など個人事業主でも利用可能なスマートフォンを利用したクレジット決済ができて、クレジットカード対応可能なおうちサロンも増えています。会社によっては、月額固定費や維持費がないところもあるので安心です。

お会計のために準備するもの

施術後のお会計は、スマートにできると好印象ですね。
プロ意識をもって用意しましょう。

電卓

見やすくて、サロンのインテリアに合ったデザインのものを。暗算でできることでも、電卓で計算して示しましょう。

お金をのせるトレイ

サロンのイメージに合ったもの、小銭やお札をのせたときに、取りやすく扱いやすいものを用意しましょう。

おつり

事前に銀行や郵便局で新札を用意しましょう。メニュー価格や割引などの特典を考える際は、できるだけ小銭が出ないようにするのがおすすめ。

領収書

住所やサロン名は、ゴム印やスタンプ印などを活用すると◎。高額メニューや回数券などがあるサロンは、収入印紙の用意を。

クレジット決済ができると便利！

クレジット精算というとむずかしそうな印象がありますが、今では個人事業主でもスマホを使ったクレジット決済ができます。そのため、クレジット対応可能なおうちサロンが増えています。クレジットでの精算ができると、より高額なメニューや物販なども動きやすくなります。

STEP 11

次回予約を取るためのコツ

次回予約を案内することも「おもてなし」

「嫌がられたらどうしよう」「その場の雰囲気が悪くなりそう」と、次回のご予約が取れないというサロンオーナーさん、セラピストさんは多いでしょう。しかし、サロンの経営を安定させてくれるのがリピートのお客様。しっかりと次回につなげることが、おうちサロンの経営には欠かせません。

サロンに通い慣れてないお客様は、次回のご予約を取ることにも慣れていないはずです。お客様の悩みを解決するために、必要なセルフケアやサロンケアを紹介して、「もしよろしければ、来月いかがですか？」と聞いて差し上げることも、大切な「おもてなし」なのではないでしょうか。

次回予約したくなるためのヒント

それでも、「次回いかがですか？」が言えない場合の方法を紹介します。

- サロンでご予約ができることを書いておく…小さなＰＯＰをつくり、カウンセリングテーブルや洗面所などに置いておきます。「サロンで次回のご予約ができる」ということをお知らせしましょう。
- カレンダーを用意する…アフターカウンセリングの際、目立つところに置いておくと、次回予約を検討していただくきっかけになります。
- 施術後シートをお渡しする…今回の施術内容や使った精油、粧材を書いたシートを見せながらアフターカウンセリングをすれば、お客様から次回予約をご希望いただけることも多いです。
- 予約状況をお伝えする…「そういえば来月の週末は半分ぐらい埋まっています」「今ならまだ水曜日はご予約が取りやすいです」など、軽い感じでお知らせします。それをきっかけに、次回のご予約を受けることができます。

次回予約を取るには?

なかなかうまく次回予約の話を切り出せない、という人は、以下の方法を試してみてください。

サロンでご予約ができることを書いておく

カウンセリングテーブルに「サロンで次回のご予約ができます」という、小さなPOPを置きましょう。トイレや洗面所などで、お客様の目に入りやすい位置に貼っておいてもOK。

カレンダーを用意しておく

カウンセリングテーブルなど、目立つところに小さなカレンダーを置いておくと、次回のご予約を検討しやすくなります。インテリアとしてもかわいいものを選ぶと◎。

施術後シートをお渡しする

その日の施術内容や、次回予約を書く欄などを設けた施術後シートを見せながら、アフターカウンセリングを。次回予約の欄があると、お客様から希望をいただきやすくなります。

予約状況をお伝えする

来月の予約状況、ご予約が取りやすい曜日などを軽い感じでお知らせしてみましょう。それをきっかけに「それなら……」と次回のご予約をいただくことができます。

ココに注意!

「押し売り」ではなく「ご提案」をしよう

次回予約がほしいからと、「押し売り」のような表現にならないように気をつけましょう。悩みを解決するための「ご提案」という姿勢でお伝えすると、お客様も受け入れやすいです。

STEP 12

アフターフォローを忘れない

できる範囲でアフターフォローをする

ご来店後のアフターフォローとして、メールやハガキをお届けするサロンもあります。サロンでお伝えしきれなかった情報やお礼をお伝えすることは、お客様への「おもてなし」です。

しかし、おうちサロンはセラピスト一人が接客から事務作業まで行います。お客様が増えた後も継続して、すべてのお客様にできないアフターフォローであるなら、できる範囲のものに限定することもＯＫ。たとえば、お客様一人ずつに毎回ご案内するのではなく、メルマガやＬＩＮＥ＠、封書などで定期的にニュースレターなどを発行しておくと、お客様がふと施術を受けたいなと思ったときに思い出してもらいやすく、再来店のきっかけになります。

ハガキや封書などを送る場合、全員に送ろうとすると予算がかかります。キャンペーン内容に合わせて、とくにこの時期にご来店いただきたいお客様に絞ってご案内しましょう。

休眠客に再来店していただくには？

ご案内を送るとき、何度もリピートしていたのにふと来なくなってしまったお客様にも送るとよいでしょう。ご予約が減りやすい1～2月などの時期に合わせてキャンペーンのご案内をすると、リピーター以外の再来店を増やす効果が期待できます。サロンの○周年、メニューのリニューアルなども、休眠客の掘り起こしのチャンス。すでにリピートされなくなってしまったお客様なので、断られてもマイナスではなく気軽にアプローチしやすいと思います。

ブログやフェイスブックなども、お客様との大切なコミュニケーションツールです。季節のおすすめケア、サロンのお得な情報など、まめに更新していくことはアフターフォローの一環です。

ご来店後のアフターフォロー

ご来店後のアフターフォローは大切なおもてなしのひとつ。「ご来店のお礼」「サロンでお伝えしきれなかった情報」をお伝えしましょう。おうちサロンは通ってくれているお客様がいてこそ、成り立っています。日ごろから感謝の気持ちもお伝えしましょう。

さまざまなツールを使ったアフターフォロー

アフターフォローは定期的にメルマガやLINE@、封書などで、ニュースレターとしてお知らせするのもおすすめ。休眠客の再来店のきっかけになります。ハガキや封書は、予算のことも考えて、「この時期にぜひきてほしいお客様」に絞ってお送りするのも一案です。

Point

ネットの情報更新でアフターフォローを

HPやブログ、Facebookなどはお客様とのコミュニケーションツール。まめに更新して最新情報をお伝えすることで、メルマガなどと同じくアフターフォローになります。

STEP 13

お客様の記録表をつくろう

会話や約束を記録しておこう

セラピストが、カウンセリングやアフターフォローの際に、お客様からリクエストをいただいて、ちょっとした約束をすることがあります。何か情報を調べておくとか、確認しておくなどの小さな約束のことが多いです。それは、セラピストにとっては毎日の仕事のなかで、たくさんのお客様としている約束の一つかもしれません。しかし、サロンにご来店いただくお客様にとっては、非日常を感じさせるサロンでの〝特別な約束〟です。お客様のほうからは何もおっしゃらなくても、約束を守ってもらえるはずと期待されていることでしょう。

このちょっとした約束を守れるかで、セラピストとサロンの印象は変わります。ぜひ、お客様の記録表をつくり、その日に会話したことから約束ごとまで丁寧にメモしておいてください。そして、次回に備えることがリピート率の高いサロンになるための秘訣です。

お客様のリピート周期を把握する

お客様によって、リピートする周期があります。週1回、2週に1回、月1回など集中して通っていただくお客様だけでなく、3か月に1回、半年に1回、毎年の誕生日にという長い周期のお客様であっても、一定の周期でご来店いただけるならリピート客です。

リピートの周期はメニュー内容や価格帯によっても変わります。痩身やダイエット、肌トラブルの改善、ブライダルなどの集中した施術が必要なメニューはリピート周期が短く、高額な特別メニューや記念日用のメニューなどはリピート周期が長くなります。

セラピストの記憶に残りやすいリピート周期が短いお客様と違って、リピート周期が長いお客様は、記録表をていねいに記載して、ご来店前にしっかり確認したうえでお迎えすると、スムーズな接客ができます。

お客様の記録表に書いておくこと

以前に話したことや、約束したことを覚えてくれていると嬉しいもの。
お客様の記録表には、その日のことを細かく書いておくと、次回に役立ちます。

お名前	ご予約時にお伺いしたお名前
お住まい／ご連絡先	都道府県とご連絡のつきやすい番号、メールアドレスなど
施術日	どれくらいの周期でご来店されるかがわかります
希望／悩み	小さな悩みから大きな悩みまで、書いておくと◎
メニュー内容	メニュー内容によってご来店の周期を予測できます
施術の効果	次のメニューの参考になります
購入商品	セルフケアのアドバイスなどができます
気づいたこと	お客様の好みなどをメモしておきましょう
約束ごと	小さなことでも守ることで、印象が異なります

Point

リピート周期が長いお客様は念入りに

ご来店の周期が長いお客様は、記憶が薄くなり施術内容や会話なども忘れがちに……。しっかりと記録しておき、ご来店前にていねいに確認することを心がけましょう。

STEP 14

リピーター特典をつくろう

リピーターにこそお得な情報を

サロンを開業したばかりでお客様が少ないと、つい新規の割引などの特典ばかりを充実させてしまいがち。しかし、新規のお客様ばかりをどんどん増やしていく手法は、広告宣伝費や集客の手間が多くかかります。上手におうちサロンをまわすには、リピートしてくれる固定客を増やすことがサロンの経営安定化に欠かせません。つまり、リピーターのお客様にこそ充実した特典やサービスを行うことが大切なのです。

次回のご予約を促すことは苦手でも、お客様が「お得」になることを合わせて紹介するなら、少し抵抗が減りませんか？「お得」があると、お客様にも「予約して帰ろうかな？」と思っていただきやすいです。

予約したくなる特典とは？

次回予約を取るのが苦手なら、「ポイントカードのポイントが2倍」「10分延長無料」「オプションが選べる」など、「小さなお得」をつけてみて。ご案内しやすくするための特典なので、気軽な内容でＯＫです。

60日以内、90日以内などの再来店時の特典の場合は、店頭でご連絡するだけでなく、アフターフォローのメールなどでご案内すると効果的です。この場合も、単なる割引よりは「前回受けたコースより上のランクのコースが同じ値段で受けられる」「オプションが無料で追加になる」など、将来的な客単価アップにつながるようなご提案ができるとよいですね。

サロンでしかご予約できないスペシャルメニューや回数券、特別なコースがあると、「予約したい！」という気持ちが高まります。ポップなどを用意すると、お客様からご予約の希望をいただきやすいです。回数券は、お会計時に今回の施術を回数券の1回目にすることができる旨をお伝えすると、購入していただきやすくなります。

リピーター得点はどんな内容がよい？

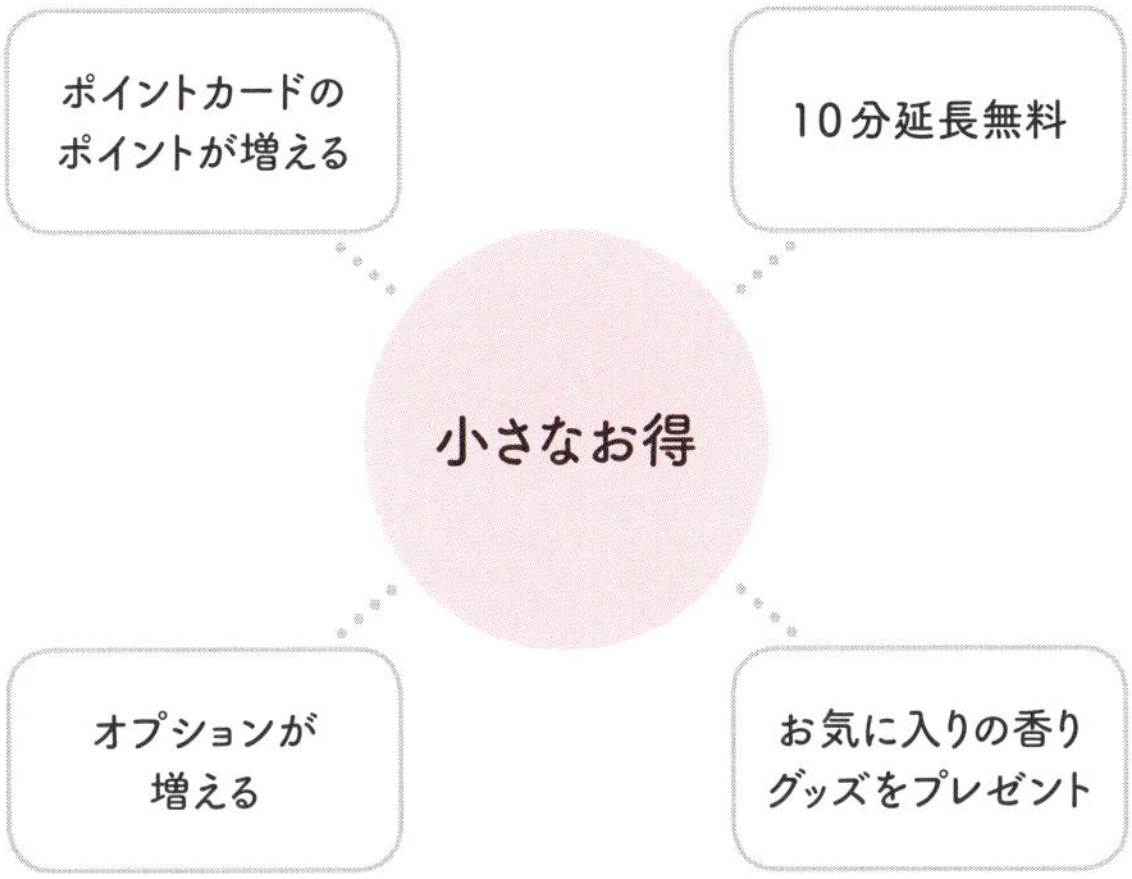

おうちサロンの経営安定には、リピーターを増やすことが欠かせません。次回予約をおすすめするときに「小さなお得」があることをお伝えすると、お客様に「予約して帰ろうかな？」と思っていただきやすくなります。

アフターフォローでのご案内が効果的！

アフターフォローのメールを送るとき「90日以内に再来店していただいた方には特典あり」などとお伝えしましょう。「前回受けたコースより上のランクのコースが同じ値段で受けられる」など、客単価アップにつながるような特典を考えてご案内できると◎。

Column 6

ありがちな失敗はこう回避！

お客様とのちょっとしたトラブル

どんなにていねいな接客を心がけていても、お客様とのトラブルが絶対に起きないとは言いきれません。一例を見てみましょう。

失敗例

お客様の貴重品が行方不明に……。

ある日、以前に来店されたお客様からお電話が。内容は「サロンで、大切なアクセサリーをなくしてしまったかもしれない」というもの。一通り室内を探してみましたが見つからず、どう対応したらよいかわかりません。

これでOK！

貴重品の置き場を決めておきましょう。

忘れ物や紛失の電話があったときは、まずは冷静に「確認してご連絡いたします」と、お伝えしましょう。見つからなかった場合でも、正直にその旨をお伝えしてください。別の場所でなくしている可能性も考えられますから、焦らずていねいに事情をお伝えしましょう。

事前に防ぐ方法として、アクセサリーなどの貴重品を置く場所を決めておくことがあります。また、お客様が着替えるとき、帰るときに、「貴重品はこちらに置いてください」「忘れ物はございませんか？」と、声をかけるようにしてください。その一言があるだけでトラブルを防げます。

そのほかにも、サロン内でのケガや事故などの可能性は、ゼロとは限りません。おうちサロンを開業するときには、損害保険に加入しておくことをおすすめします。万が一への対策をしておくと、お客様もセラピストも安心です。

Part

7

開業した後が本番！
長く続ける経営のコツ

開業したらそこからが本当のスタート！
開業に満足せず、おうちサロンを長く続けるコツを学びましょう。
メニューのリニューアルなど、さまざまな方法があります。

STEP 01

技術を磨きつづけよう

セミナーやスクールに積極的に参加する

開業することがゴールになってしまう人がいますが、セラピストとしてはサロンを開業してからがスタート。常に施術の技術を磨くことが、おうちサロンを続けていくためには大切です。

もし、あなたが卒業したスクールでブラッシュアップセミナーがあれば、ぜひ受講しましょう。同じ技術でも、学ぶスクールや先生によって、手技や体感に大きな違いがあります。セラピストの技術交流会に参加する、相モデルで施術交換をすることで、同じ技術でも違ったメソッドや手技を学ぶこともできます。ほかにも、ＳＮＳなどを使って仲間を募り、率先して練習会や勉強会を企画することもおすすめです。

先輩サロンの技術を体感する

おうちサロンを開業して1～3年目ぐらいまでは、今もっている技術に限界や不十分さを感じることが多くあります。そうすると、新しい技術や珍しい手技を学びたくなりますが、安易にほかの技術を学んでも、技術力アップにはつながりにくいものです。

技術は経験を積めば積むほど、改善されていきます。新しい技術にチャレンジする前に、まずは先輩セラピストのサロンを多く訪問して、施術を体験してみてください。実際に施術を受けることで、自分のもっている技術の可能性に気づくことができます。開業して5年、10年と継続しているサロンでは、タオルワークやお客様への声かけ、施術中の体感をよくするためのノウハウなど、学べる技術が数多くあるはずです。

また、生理学や解剖学、心理学などの知識を増やす、運動療法や心理療法などの知識、実践的な技法を学ぶことも、施術の効果アップが望めます。施術効果をしっかり上げることで、顧客満足度を高めることができ、リピートにつながります。

スキルアップの場に足を運ぼう

おうちサロンは開業してからが本番。セラピストとしての腕をさらに上げるため、いろんなことに挑戦してみましょう。

セミナーに参加する

卒業したスクールなどで開かれていることも。同じ技術でもスクールや先生によって体感が違います。セラピストの技術交流会では、相モデルをすることで手法が学べます。

技術を体感する

頭で知識を得るだけでなく、体験することで得られることもあります。先輩セラピストのサロンを訪れ、技術やサービスを体感することで気づくことがあるはずです。

知識を深める

生理学や解剖学といった知識も、施術効果を上げるために必要な知識です。施術効果をしっかり出すことでお客様の満足度が高まり、リピート率がアップします。

STEP 02

接客のスキルアップ

定期的にシミュレーションをしよう

おうちサロンのセラピストは、一対一の接客で心や体の悩み、プライベートについての話まで伺うため、より高い接客スキルが必要です。最低限の接客ノウハウはスクールなどで学ぶことができますが、お客様に安心して施術をお任せいただくために、接客技術を磨いていくことが欠かせません。

　まずは、お客様のご来店からお見送りまでのマニュアルを自作してみましょう。声かけのタイミングやセリフなどを紙に書いて声に出してみることで、より最適な言葉を選んで使えるようになります。流れが決まったら、シミュレーションをしてみましょう（→172ページ）。その際、ICレコーダーやスマホで録音、録画すると、声のトーンや姿勢などが確認できます。スマホの自撮り機能などを使って、笑顔のチェックも忘れずに。

異業種の接客から学ぶ

マナーや接客術の本、セミナーなどがありますが、実際に自分で良質なサービスを体験することも欠かせません。自分のメンテナンスのためだけでなく、接客術を学ぶためにも、ほかのサロンにできるだけ多く通って、施術やサービスを体験することが大切です。また、同業だけでなくテーマパークやアミューズメント施設などのホスピタリティ、デパートやショップなどのサービスからも、たくさんの学びがあります。キャリアを積んだセラピストほど老舗旅館や一流ホテルに宿泊する、高級レストランで食事をするなど、最上の「おもてなし」を経験する機会を大切にしています。

　今できる最高の「おもてなし」をするためには、セラピストの心の余裕が必要です。接客に自信がもてるまでしっかり練習すること、時間やスケジュールに余裕をもつことを心がけてください。

さまざまな業種からサービスを学ぶ

ほかのサロンに通って接客を学ぶことはもちろんですが、接客スキルは異業種からも学ぶこともできます。アミューズメントパークのスタッフ、ホテルのフロントマンなど、一流の「おもてなし」を学ぶ場所が多くあります。これはというものは、ぜひ取り入れてみましょう。

シミュレーションを重ねて自信をつける

接客の練習をすることで、スキルや自信がついていきます。
定期的に自分の接客を見直すようにしましょう。

①接客マニュアルをつくる

お迎えからお見送りまでの流れを確認します。お客様に声をかけるタイミング、言葉なども書き出しましょう。

②シミュレーションする

声に出しながら動いてみましょう。スマホなどで録音、録画をしておきます。

③改善点を見つける

録音、録画したものをチェックして、問題があれば改善していきましょう。

STEP 03

新しい情報へのアンテナを張る

情報のアップデートを心がけよう

おうちサロンを一人で経営していると、自分から積極的に情報収集をしない限り、どんどん情報不足で、古い知識ばかりになってしまいます。業界の情報やサロンに関わる法律については、常に新しい情報を得られるようにアンテナを張ることを怠らないようにしましょう。

独立行政法人 国民生活センターでは、ホームページで消費者から受け付けた相談事例と相談後の結果を紹介しています。施術サービスや化粧品の販売に関わる相談事例などもありますので、目を通しておくと安心です。消費者庁のホームページでは、景品表示法や健康増進法について、パンフレットや指針、資料などを掲載しています。ホームページやブログ、パンフレットなどで宣伝を行う場合に守らなければいけない法律の情報は、定期的にチェックしましょう。

ネット上にも、エステやセラピーの業界ニュースを扱っているサイトがあり、気軽に情報を手に入れることができます。

新しいものや知識に触れよう

セラピストやサロンオーナーが集まる交流会やランチ会に参加することもおすすめです。参加した人とフェイスブックのようなＳＮＳでつながれば、さらに継続的な情報交換も可能になりますね。積極的に交流会を開催し、セラピストの仲間づくりを支援しているグループもありますので、ぜひ活用してください。

そのほかにも、美容や健康に関する展示会も開催されています。さまざまなサンプルを手に入れたり、サロンで必要な備品や消耗品を手にとって買ったりすることができますので、足を運んでみてください。

いろんな物や人と触れ合うことは、おうちサロンを続けるモチベーションになります。

新しい情報を収集しよう

おうちサロンを経営する場合、積極的な情報収集が欠かせません。
とくに法律や技術は、知識が古くなりがちです。

最新の情報が手に入るところ

- 美容経済新聞 …… http://bhn.jp
- エステティック通信 …… http://www.esthe-news.jp
- セラピーライフ …… http://www.therapylife.jp
- セラピーネットカレッジ …… http://www.therapynetcollege.com
- 週刊粧業 …… http://www.syogyo.jp
- JOINUS日本セラピスト活動協会 …… http://joinus-people.com
- スターコーチプロジェクト …… http://salon-owners.com
- 一般社団法人アロマハンドコミュニケーター®協会 …… http://www.aromahand.tokyo
- アロマセラピースクールVert Mer「精油の学校」 …… http://www.vertmer.com/aroma_school/index.html

美容や健康に関する展示会では、最新の商品が多く並びます。実際に触れることができるので安心です。また、詳しい説明も聞けるので商品知識も深まります。

STEP 04

新しい技術やサービスの導入

新しい技術やサービスの導入は慎重に

オープンしてしばらくすると、新しい技術やサービスの導入を検討することになります。新しい技術やサービスの導入は投資です。なんとなくよさそう、人気があるから、流行っているから、という理由で導入することは危険です。費用対効果を考えて、既存のお客様のニーズに合っているか十分に検討しましょう。

新しい技術を入れるとお客様が増える、と誤解している人も多いですが、〝今〟新しくて、人気があって、流行っている技術やサービスは、いずれ新しいものと入れ替わります。集客力は一時的ですし、新しい技術やサービスだけを目当てに来ていたお客様は、すぐにほかのサロンに行ってしまいます。それを予防するためには、常に新しい技術やサービスを導入し続ける必要があります。継続的な投資が必要になるため、よほど集客力があるサロンでないと、経営は不安定になります。お客様が少ないサロンこそ、新しい技術やサービスの導入には慎重さが必要になります。

自分がよいと実感したものを提供する

おうちサロンの場合は、セラピストの人柄や個性にお客様がつくことが多いです。そのため、セラピスト自身がどれだけその技術やサービスを魅力的と思っているかが、集客力を左右します。新しい技術やサービスを導入する場合は、まずは自分で十分に体験して、その魅力や効果をしっかりと実感することが大切です。セラピストが本当に気に入っていて、「すごくよいものだから、ぜひ体験してほしい！」と思った技術やサービスは、お客様も喜んで試してくれます。

新しい技術やサービスの導入の際には、事前にブログやニュースレターなどでその魅力を伝えましょう。とくに、セラピスト自身の体験談や気に入っているポイントなどを伝えることが大切です。

技術とサービスに自信をもつ

セラピストの人柄でお客様がつくことも多いのが、おうちサロン。
自信をもっておすすめしたものなら、お客様も安心して試すことができます。

①自分で十分に体験する

新しい技術やサービスを導入するときは、まず自分で体験してみるようにしましょう。タオルやガウンなど、直接お客様の肌に触れるものは、自分で使ってみることをおすすめします。

②気に入ったものだけを導入する

実際に試した結果、納得のいくもの、気に入ってお客様に自信をもっておすすめできるものに限定して導入するようにします。自信のあるものは、お客様にも喜んでいただきやすいです。

③ブログやニュースレターでお知らせする

実際に導入する前に、ブログやニュースレターなどでその魅力を伝えます。セラピストが実際に使ってみた体験談や感想、お気に入りポイントなどを伝えましょう。

ココに注意！

“なんとなく”で導入しない！

「流行っているからなんとなく……」といった理由で技術やサービスを導入するのは危険。どんどん流行を追うことで、継続的な投資が必要になり、経営が苦しくなります。

STEP 05

既存メニューのリニューアル

お客様に喜んでいただけるメニューづくり

サロンを開業してしばらくすると、セラピストにとってもお客様にとっても満足度の低いメニューが明らかになることがあります。あまり受けてほしくないメニュー、不人気なメニューは、いつの間にかフェードアウトするように、なくしてしまってもOK。また、新メニューの追加は、継続しているお客様を飽きさせない効果があります。

さらに、開業時にできるメニューすべてを出してしまうのではなく、一部のメニューは半年ぐらいタイムラグをつくって出すこともおすすめ。季節ごとのキャンペーンメニューやオプションメニューを追加することでも、変化を出すことができます。

メニューを変更するときのポイント

メニューをリニューアルするときに注意したいのが、価格を安くしすぎないこと。おうちサロンを一人で経営していると、施術できる人数に限界がありますし、大規模店舗にくらべると、どうしてもコストがかさんでしまいます。おうちサロンで売りにすべきは安さではありません。メニューを見直すときに価格を気にしてしまうのは、施術の効果やサービスの質に自信ない証拠なのかもしれません。

新しい技術を追加せずに、客単価を上げるために既存の技術でメニューのリニューアルをする場合は、いくつかの方法があります。左のページで8つのテクニックを紹介しているので、参考にしてみてください。

とくに、開業当初にありがちな〝安くしすぎた〟〝割引しすぎた〟といった場合には、全面的に価格を上げる、割引や特典などのサービスを止めるなどの対応を早めに行わないと、サロンの経営自体が危なくなってしまいます。経営が厳しそうだなと感じたら、メニューのリニューアルを考えてください。

既存メニューのリニューアルのポイント

ここでは、新しい技術を導入するのではなく、
今あるメニューをリニューアルするときの方法を8つ紹介します。

1	短時間コースを減らし、長時間コースをつくる
2	通常メニューとオプションメニューをセットにする
3	フェイシャルとボディなど、複数の技術をセットにする
4	店販品やホームケア用品と施術をセットにする
5	高価格帯のメニューを少しお得にした回数券を用意する
6	記念日コースなど特別なプランのメニューを用意する
7	メニュー名や時間設定を変えて、全面的に価格を上げる
8	割引や特典などのサービスをやめる

8つの方法は、すべて客単価を上げるためのテクニック。どれがいちばんよいということはなく、取り入れやすいものから試してみましょう。全部いっぺんに試すのもOK。どれか一つだけでもよいです。既存メニューと値上げしたい金額によって、導入しやすいものを組み合わせるのも◎。

ココに注意！

“近所にサロンができたから”を理由にしない

メニューや価格設定は、お客様とサロンとの信用で成り立っています。“ほかのサロンができたから”という一方的な理由での変更は、その信用を揺るがす行為になります。

STEP 06

値上げのタイミング

値上げの理由は明確にする

消費税の導入や円安、仕入れ商品の値上げなど経済的なタイミングで、または新しいメニュー導入や○周年などのタイミングで値上げをするサロンが多いです。値上げはむずかしいと思いがちですが、理由がしっかりしていれば、お客様の理解も得られやすいものです。

極端に安くしすぎている、割引しすぎているサロンの場合、早急に価格を見直す必要があります。たとえ、大幅な値上げをしたことで顧客が減っても、客単価が上がるため、収入に差が出ないことも多いです。そのうえ、新規客が新たに増えれば、適正料金での収入となり、サロンの経営も安定します。

負担を感じたら、値上げを検討する

メニューの金額というのは、お客様とサロンとの信用を数値化したもの。安すぎる価格では、その価格に見合った価値しかないと思われ、セラピストとしてもサロンとしても信用度が低くなってしまいます。新規客の期待も低くなり、価格以外では評価されにくいのです。逆に、適正価格や相場より高めの価格の場合は、「これだけ取るのなら」と高い期待をもってご来店いただけるため、リピート率も高くなりやすいです。

サロン側も、安すぎる価格設定ではよりよいサービスや技術を発見しても導入する余裕がなく、「この価格なのだから仕方ない」と考えてしまいます。一方で、十分な収入が得られる価格設定にしておけば、よりよいサービスや技術を必要に応じて導入できる余裕ができます。また、「これだけいただいているのだから、もっとお客様に喜んでもらえるように何かしたい」と、積極的に動くことができるようになります。

安い価格でサロンのお客様が喜んでいたとしても、セラピストがその価格に負担や不満を感じていたら、そのときが値上げのタイミングです。

値上げのタイミングはいつ？

「値上げをしたらお客様が減ってしまう」と不安になる人は多いかもしれませんが、サロンを続けるためには必要なときもあります。

開業した当初は「経験が少ないから」と価格を安く設定していたとしても、その後、技術や知識を磨いたなら、値上げをしてOKです。値上げをすることでさらにスキルアップする余裕ができ、顧客満足度もより高くすることが可能になります。

Point

キャリアに合った価格を！

いつまでも安すぎる金額だと、技術や知識の少ない経験不足のセラピストと判断されかねません。未経験者、初心者と同じ値段のまま、自分の価値を下げるのはもったいないことです。

STEP
07

新メニュー、新価格のご案内方法

ご案内は口頭だけでなく文面でも

　メニューのリニューアルや値上げをする場合、お客様への早めのご案内が大切になります。次回予約を前月、前々月にされるお客様が多いサロンの場合は、3～4か月前の告知がちょうどよいでしょう。もう少し来店ペースが短いサロンの場合は、2～3回分の予約ペースの余裕をもってご案内しましょう。

　おうちサロンではお客様がゆっくり過ごされるので、口頭で改定のご案内をしても、話をしているうちに聞き流されてしまったり、忘れられてしまったりする可能性があります。自宅でゆっくり確認いただけるように、文面でのご案内も用意して、お渡ししたほうがよいでしょう。

お客様のメリットや改善する点を伝える

　値上げをともなう新メニューや新価格のご案内をする場合、つい謝罪ばかりを書いてしまいます。しかし、お客様は謝罪されても困るだけですので、メニュー改定や価格変更の簡単な理由や経緯を書いて、ご理解いただけるようにお願いするだけで大丈夫です。それよりも、新しいメニューになることで、お客様にどんなメリットがあるのか、今までの何が改善されるのかなどをしっかりと記載しましょう。

　大幅な価格改定などの場合は、とくにリピート率の高いお得意様には、ごあいさつ文と新メニュー表を封書で郵送するのがおすすめです。リピート率の少ないお客様や、近ごろ足が遠のいているお客様には、ハガキやメールなど来店頻度に合わせてご連絡方法を変えていきましょう。お客様に郵送やメールでのご連絡が済んでから、ブログやホームページ、フェイスブックなどでご案内を公開します。パンフレットやホームページのリニューアルなどを業者に頼む場合は、より余裕をもったスケジュールで準備をしましょう。

新メニュー、新価格をお伝えするとき

**新メニューや新価格をお伝えするときは、謝罪にならないように注意を。
ここでは、メールでお伝えするときの例を紹介します。**

〈メールの文例〉

拝啓

時下ますますご隆昌のこととお慶び申し上げます。
平素はリラクゼーションサロン△△△に格別のお引き立てを賜り、
厚くお礼を申し上げます。

リラクゼーションサロン△△△は、女性専用のアロマボディトリートメント
サロンとして、心と体のリラクゼーションを提供してまいりましたが、
かねてより、ご希望の多かったフェイシャルを導入する運びとなりました。

メニュー改定、価格変更の理由と経緯

体とお顔の筋肉はつながっており、アロマの香りを感じやすいお顔は、
心へのリラクゼーションにより効果的です。
つきましては、来る10月より、90分以下の短時間メニューを終了して、
より効果が長続きするボディとフェイシャルをセットにした
スペシャルコースを中心にメニューをリニューアルいたします。

何が改善されるのか

新メニューの詳細は、別紙にてご案内いたします。

より効果が長続きするメニューへのリニューアルに伴い、
1か月以内に再来店いただいた場合の30％引サービスを終了して、
3か月以内に再来店いただいた場合は10％引きに変更いたします。
ご来店のタイミングの自由度が高くなりますので、
女性の月のリズムやお仕事のペースに合わせて、
通っていただきやすくなるかと存じます。
皆様のご来店を心よりお待ちいたしております。

お客様にどんなメリットがあるか

STEP 08

休眠客の掘り起こし

休眠客にこそ再アタックを

サロンを3年以上も経営していると、1回だけで来なくなったお客様や、数回または1年ぐらい通ってお休みしたままのお客様が増えてきます。「もう来ていただけない」と諦めてしまう前に、少し立ち止まって考えてみてください。

3回以上通っていただいたお客様は、結果に満足して継続され、サロンをある程度は気に入っていたことがわかります。1回だけのお客様も、サロンのコンセプトや立地などは希望に合っていた可能性が高いのです。つまり、新規のお客様を集客するよりも、休眠客の掘り起こしをするほうが、集客効果が高いのです。

休眠客へのご案内方法

休眠客の掘り起こしには、ハガキや手紙がいちばん効果的です。近年、メール営業が増えてDMが減っているため、郵便物の開封率は高くなっています。わざわざ連絡をもらったというイメージもあるので、高い予約率につながっているようです。しかし、郵送はコストがかかりますので、お客様の記録表を見て再来店が期待できそうなお客様には郵送、そうでないお客様にはメールと、使い分けるとよいでしょう。

ご案内を送るタイミングは、サロンの周年記念やお客様の誕生日などが多いですが、大幅な模様替え、新しい設備やインテリアの導入、営業時間や定休日の変更などの際も◎。新メニューなどを導入する場合は、そのメニューをとくにおすすめしたい方にご連絡してみましょう。メニューの全面リニューアルや価格の変更時も、休眠客の掘り起こしに最適です。

すでにご来店がないお客様なので、ご予約につながらなくてもサロンにダメージはありませんが、意外にご連絡をきっかけにして再来店されることがあります。タイミングを見て、アタックしてみましょう。

休眠客の掘り起こしで集客アップ

「もう来てくれない」と諦めるのではなく、「一度来てくれたのなら、また来てくれるかも」という視点でとらえ、ご連絡をしてみましょう。

ご来店1回のお客様

コンセプトや
立地などが合っている
可能性大

ご来店3回以上のお客様

結果に満足して、
気に入ってくれている
可能性大

↓

新規のお客様よりも集客しやすい！

ご案内を送るタイミングの例

- サロンの1周年記念
- お客様の誕生日
- 営業時間の変更
- サロンの大幅なリフォーム
- 新しい設備やインテリアの導入

STEP 09

新規客への呼びかけ

リピート客は少しずつ減っていく

サロンを開業したばかりのころは、とにかく新規客の予約をたくさん取ることに集中しがち。おうちサロンはたくさんの新規客を一度に増やすことよりも、少ない人数でもていねいに接客や施術を行うことで、リピートにつなげることが必須です。

とはいえ、新規のお客様が完全にゼロというのも問題です。新規のお客様は1〜3割程度で、リピートのお客様がメインになると、施術の結果も出しやすく、顧客満足度も上がるため、サロンの経営は徐々に安定していきます。しかし、女性は結婚、出産、子育て、介護など、家族との関係で生活サイクルが大きく変わってしまうことがあるため、サロンを気に入っていても通えなくなる場合もあります。そのため、女性のお客様が多い場合、リピート客は少しずつ減少。いくらリピート客が多くても、新規のお客様がゼロなら、サロンの経営は少しずつ悪化してしまいます。

新規客に向けた記事を更新しよう

新規のお客様を増やしたい場合は、はじめてサロンに興味をもったお客様にとって必要な情報が十分にあるか、ブログやホームページを定期的に見直すことが大切です。

サロンを開業して数年も経つと、ブログやフェイスブックの更新内容は馴染みのお客様への情報提供になりがちです。とくに、はじめての方にサロンや施術の魅力、セラピストの人柄を紹介するような記事は、古い過去の記事ばかりで、新しく投稿する機会が減りがちです。意識して、新しいお客様へ向けた記事を増やしていくようにしましょう。

ホームページのご案内文も、「はじめての方に」などの項目をできるだけ充実させて、新規のお客様が安心して選べる環境を整えていきましょう。

新規客ゼロは経営悪化のおそれあり

女性は家庭との関係で生活スタイルが大きく変わってしまうことも。女性客がメインのおうちサロンは、引っ越しや子育てなど、お客様の事情でリピート客がしぜんと減ります。「リピート客が多いから大丈夫」と新規客への呼びかけをおろそかにすると、経営が悪化する可能性があります。

マニアックなこだわりを紹介しよう

スリッパやハンガー、ゴミ箱、ティッシュ、洗剤などの細かなこだわりは、直接サロンの差別化につながらないと考えがちです。しかし、その小さなこだわりをブログやSNSで披露することも、お客様の興味や関心をひき、新規獲得には効果的なのです。

Point

サロンの想いを記事にする

SNSには細かい気遣いや愛情込めてていねいにしている、大切にしていることを書くと◎。読んだ方は「施術や接客もていねいで、愛情込めてもらえそう」と感じ、来店したくなります。

STEP 10

講座を開くときのポイント

サロンと違う講座の集客法

サロンのお客様が少ないから講座やレッスンを開催しようと考える人は多いですが、じつはサロンよりも、講座やレッスンのほうが集客は大変です。

講座の受講生が増えれば、受講生がサロンのお客様になってくれるというメリットはありますが、資格取得講座やアロマセラピー入門のような講座はリピートしないため、毎回新規の集客をする必要があります。また、一度に数名以上の集客が必要になるため、集客する人数もサロンより多くなります。講座の集客をするような場合には、ブログやホームページだけでなく、フェイスブックの有料広告がおすすめ。フェイスブックのビジネスアカウントであるフェイスブックページは、数百円と少額で広告を出すことができ、地域や年齢、性別や興味のあることなどのターゲットを限定することができるため、効果的な広告を出せます。

休眠客への呼びかけも効果的

地方などで、資格取得のスクールが近くにない場合は、比較的、集客がしやすいものです。協会などの支援も受けられるので、サロンの副業としてはじめても成功できる可能性が高いでしょう。

サロンのお客様を増やすことを目的に講座を開く場合は、休眠客などをメインターゲットにして、再来店をねらいましょう。その場合も、1回しか受講しないタイプの講座ではなく、月ごとや季節ごとに何度も受講したくなる、リピート率の高い講座内容を考えることが大切になります。休眠客リストを使って、メールや郵送で、講座の案内を送ってみましょう。

ホームページやブログの目立つ部分に、講師や出張講座の依頼などを受け付けていることを記載しておくことも◎。講師の実績なども合わせて載せておくと、意外なところから依頼が来ることがあります。

講座を開くメリット

「講座を開くのって、なんだかむずかしそう」と思われますが、
さまざまなメリットがあるので挑戦してみる価値ありです。

- 受講生がサロンのお客様になってくれる
- 仕事の幅が広がる可能性あり
- ニーズがあれば副業にできる

通いたくなる講座の例

- 季節のスキンケア講座（季節のアロマクラフト、季節のハーブティーレッスンなども）
- シーズントラブルに合わせた体づくり講座
- 肌の状態に合わせたアロマ美容液づくり講座
- 毎月かわる石けんづくり講座
- 流行色を取り入れた手づくりリップグロス講座
- 旬の素材を取り入れる健康栄養セミナー

STEP 11

イベントを企画しよう

イベントでお客様の気持ちを盛り上げる

期間限定のキャンペーンイベントなどは、お客様のモチベーションを高め、集客率を上げるのに効果的です。とくにチラシを配布する際は、チラシを手に入れた人だけの期間限定のメニューやサービスをつけると反応が高くなります。

季節によって必要なケアが変わりますので、それに合わせて季節の限定メニューやオプションを用意する、その季節におすすめの商品にサンプルや割引などをつけるキャンペーンを行うこともおすすめです。

お楽しみ企画を用意してみよう

期間限定のキャンペーンだけでなく、サロンのオリジナルイベントを企画するのもおすすめ。お客様にワクワクした気持ちになってもらえます。

たとえば、クリスマスイベントとして、ふだんはサロンで販売している商品と、健康や美容によいおすすめ商品を組み合わせてクリスマスコフレを用意。お客様に楽しんでいただきながら客単価を上げることができるので、店販に抵抗がある人も取り入れやすい方法です。ほかにも、１周年などの記念ではオプション体験チケットなどが当たるくじ引きを用意したり、じゃんけんに勝ったら店販品がもらえたりするお楽しみ企画を用意すると喜ばれます。ＬＩＮＥ＠を利用したスタンプカードでＬＩＮＥ＠の登録を促したり、メルマガの登録やお友達の紹介などに協力してもらったら特典がつくというサービスも、期間を限定したイベントとして行うと効果的です。

イベントは、必ずしも全員に告知する必要はありません。サロンに来店したお客様にだけ、お得意様だけ、新規のお客様だけ、ＬＩＮＥ＠やメルマガに登録している方だけなど、限定的にすることでより自由度の高い設定ができますね。

オリジナルのイベントを考えよう

リピート客の多いおうちサロンは、期間限定のイベントを設けることでリピート客を飽きさせない効果が期待できます。さらに、イベントにつける特典を次回の予約につながるような内容にできると、サロン側もメリットが得られます。

ココに注意！

いつものメニューの値引きはNG！

特典でいつものメニューを値引きしたり、無料にしたりするのは避けましょう。ワンランク上のメニューや、ふだんは使わない化粧品のよさを実感してもらう機会に活用しましょう。

STEP 12

お客様との交流の場を増やす

交流できる機会をチェックしよう

サロンのお客様との交流の機会を増やし、新規のお客様との出会いをつくるために、地域のイベントやフリーマーケットなどにブース出展することもおすすめです。

ホームセンターや住宅展示場、結婚式場などで企画されるイベントでも、さまざまなブースを募集しています。また、セラピストやイベント企画会社などが企画するイベントも、各地で毎週のように開催されています。自治体の広報紙や地域の情報紙、フェイスブックのコミュニティなどで情報を探してみましょう。

イベントに出展しても、お客様がいない静かなブースは人が集まりにくいもの。サロンの既存のお客様にもお声がけして、お友達と一緒に遊びに来てもらうとよいでしょう。その場合は、お友達を連れてきてくれた人への特典を用意してもよいですね。

来場者に向けたご案内を用意する

フリーマーケットによっては、セラピーの体験などを商品として出展することも可能なようです。フリーマーケットのように、より多くの層のお客様が来店される場では、サロンのターゲット層に合わせた商品を出品することが大切です。いずれにしても、来場者向けに編集したパンフレットやチラシなどを用意して、サロンのご案内をしましょう。

ほかにも、サロンのオープンハウスや見学会などを企画してもよいでしょう。プチ体験、くじ引きなどを用意して、やはり既存のお客様にお友達を連れてきてもらうようにすると盛り上がりやすいです。

新規のお客様を増やすためには、事前の告知と開催時の写真などをたくさん紹介すると効果的です。そのため、1回だけでなく定期的に継続して行うことでより集客力が高まります。

イベントブースはお客様との出会いの場

イベントブースは、新しいお客様との交流の場です。来場者に向けたパンフレットやチラシを準備し、サロンの魅力を伝えましょう。常連のお客様にも来ていただくと、ブースの雰囲気がより明るくなり、新規のお客様がブースを訪れやすくなります。

ターゲットに合った商品を出品する

イベントブースには、さまざまな層のお客様がいらっしゃいます。サロンのターゲットとなるお客様にきちんと届くように、ターゲットに合った商品を選んで出品することが大切です。万人を対象にした商品では、本当に来てほしいお客様には届きません。

Point

体験は、興味をもってもらう程度で

ブースでの体験で100％満足してしまうと、サロンにご予約いただけません。ブースで提供する内容は簡易なものにして、サロンの施術に興味をもってもらえるようにしましょう。

ありがちな失敗はこう回避!

予約を入れすぎて休みがない!

セラピストのなかには、休みを設けずにがんばりすぎる人も多いです。しかし、接客をしない日を設けることも必要なことなのです。

失敗例

事務作業をする時間がありません。

サロンの売り上げを伸ばしたくて、1か月間、毎日お客様を入れて予約を埋めました。しかし、HPやブログの更新、サロン用品の買い出しなどの雑務の時間がなくなり、経営がうまくまわらなくなってしまいました。

これでOK!

全体のバランスを考えましょう。

おうちサロンを開業するセラピストは、必要以上にがんばりすぎてしまう人が多いようです。1か月間、毎日お客様を入れてしまって休みがない、雑務をする時間がないという失敗例をよく聞きます。

売り上げを上げたい、お客様の期待に応えたい、と予約を埋めたくなる気持ちはわかりますが、これではキャンセルや体調不良の振り替えなどのイレギュラーに対応する余裕がなくなってしまいます。ほかにも、消耗品などの仕入れ、スキルアップの勉強、HPやブログの更新のための時間も足りなくなります。とくに、おつり用のピン札の用意については注意が必要です。銀行窓口が対応している日時は限られているので、準備する日をしっかり考慮しておかなければいけません。

おうちサロンを上手に経営するためには、バランスが大切です。計画性をもって運営するようにしましょう。

Part

8

知っておきたい！私生活との両立

おうちサロンを続けるには、家族の協力が欠かせません。
自宅で仕事ができるというメリットをいかすために、
私生活との上手な両立の仕方を考えましょう。

STEP 01

家族の理解と協力を得る

家族の気持ちをヒアリングする

おうちサロンを開く場合、何よりも大切なのは、同居の家族の理解を得ることです。家族は「おうちサロン」についてわからない状態なので、すぐに「賛成！」となることのほうが少ないもの。まずは、家族の不安や心配、反対の理由を聞きましょう。理由を聞いたら、不安や心配に対しての対策やリスク管理を提案します。

そのうえで、おうちサロンのメリットや必要性をデータ化して示すと賛成してもらいやすいです。夫や父親など男性の家族の場合、会社の企画会議のように企画書（事業計画書）やプレゼン資料を用意するのも◎。

子どもは、お母さんを喜ばせたいから、本人の意思とは反して賛成してしまうこともあります。積極的に「不安なコトはない？」と確認してあげましょう。子ども連れＯＫのサロンに一緒に行き、サロンのイメージを体験してもらうのもよいですね。

家族への感謝を忘れない

家族が賛成してくれたとしても「趣味の延長」と、ちゃんとした仕事と認めてもらえないことも少なくありません。実際には、スケジュールの自由度があっても有休も残業代もなし、サロンの仕事は家事と一緒で〝これで終わり〟ということがありません。それなのに、趣味とみなされてしまうのは悲しいですね。

そんなイメージを払拭するために、外食や買い物の際に「今日はサロンの収入から払うね！」と伝える、次の家族旅行はサロンの収入で企画するなど、家族にわかりやすい形でサロンの収入を家計にいかすようにすると、家族の見る目が変わってきます。収入が少ない場合でも、コンビニスイーツなどの小さな贈りものを用意し、「協力してくれて、ありがとう！」と、夫や子どもに小さな還元をすることが大切。家族の協力があってこその「おうちサロン」です。

家族の賛成を得るために伝えること

**おうちサロンは、家族の協力なくしては成り立ちません。
まずはサロン開業に賛成してもらうことが必須です。**

①リスク管理の方法

住所やアクセスは大まかな場所までの公開にする、サロン用の電話番号を用意して非通知は拒否する、予約は連絡先のわかる女性に絞るなどのルールを決めましょう。

②いざというときの備え

お客様からのクレームに備えて損害保険に入る、経営のトラブルを予防するために商工会・商工会議所に入会するなど、安心できる経営をアピールしましょう。

③事業計画とワークライフバランスの予想

営業時間とパソコン作業の時間など、仕事にかかる時間と集客方法、実際の経費と収入の予想を立てて提示しましょう。実際に成功している同じようなサロンを例にしても◎。

↓

家族が理解、協力しやすい

感謝の気持ちを伝えよう

おうちサロンを開くと、多少なりとも家族に負担をかけることになります。外食や買い物の際に「サロンの収入で払うね。いつもありがとう」と伝えることで、趣味ではなく仕事ということがアピールできるうえ、家族への感謝の気持ちを伝える機会にもなります。

STEP 02

ライフサイクルに合わせた働き方

働き方はセラピストによって違う

女性の場合、結婚や出産、育児、子どもの受験、夫の転勤、介護などで働き方が大きく変わることがあります。さらに、家事や育児をメインにするか、仕事も同じだけするか、という働き方に対する姿勢も人によって違ってきます。

おうちサロンは、家族の生活習慣によって1日にどのぐらい仕事ができるか、1か月の稼働日などが大きく左右されます（→90ページ）。週に2～3日だけ、週末だけ、平日だけ、保育園のお迎えの時間までなど、自分と家族に無理のない、快適なサロン経営をすることが大切です。とくに、子どもが小さいときは、急病のときに振り替えができるよう、あまり予約を詰めて入れないなどの余裕をもたせるようにしましょう。

必要な収入も、セラピストによって違います。夫の所得税の配偶者控除を受けたい人もいれば、シングルマザーでたくさんの収入が必要という人もいます。

ほかのサロンとくらべない

フェイスブックやブログなどのほかのセラピストの投稿を見て、自分だけダメな気がしたり、もっとがんばらなきゃいけないと思ったり、不安になるかもしれません。しかし、周囲とくらべる必要はありません。自分に合ったワークライフバランスで必要な収入を得て継続することが、サロンを長く維持するコツです。

サロンが軌道に乗るまでは、パートやアルバイトなどとダブルワークをする人もいます。「サロンをオープンしたのに、ほかで仕事をするなんて恥ずかしい」と思ってしまうかもしれませんが、そんなことはありません。セラピストの仕事でなくても、サロンワークにいかせることがたくさんあるはず。業種が違っても、経営者の視点をもって見ると、店舗の営業や集客のノウハウなど学べるポイントがいくつもあります。

バランスのよい経営がコツ

サロンの経営方針は、セラピストの環境によってそれぞれ。大切なのは自分に合った“ワークライフバランス”と“必要な収入”のバランスを維持していくことです。とくにはじめは集客のために過剰なキャンペーンをして収入がほぼゼロ、などと無理をしがち。先をしっかりと見据えることが、長く続けていくコツです。

必要な収入は人それぞれ

夫の所得税の配偶者控除の限度内を希望するセラピストもいれば、シングルマザーで子どもの学費が必要というセラピストもいます。サロンによって必要な収入は違います。サロンが軌道に乗るまでダブルワークをすることだってOK。サロンワークに必要な経験をするチャンスだと思いましょう。

ココに注意！

人とくらべて落ち込まない！

ほかのセラピストのブログやSNSを見て、比較してしまうことがあるかもしれませんが、それで落ち込むことはやめましょう。サロンによって経営状況が異なるのは当たり前です。

STEP 03

1日のライフサイクルを決める

接客以外のサロン業務時間を考える

おうちサロンを経営すると、接客以外の業務の多さに驚く人も多いようです。日々のサロン業務に必要なことだけでも膨大にあります。

まず、お客様をお迎えするためのセッティングや、直前の掃除に1～2時間は要します。施術が終了し、お客様をお見送りした後には施術ルームや玄関、洗面所、トイレなどの掃除に約1時間。タオルやガウンなどのリネン類の洗濯に1～2時間はかかります。施術の備品やお茶出しのティーセットなどの洗い物に約30分。お客様の記録表の記入もします。ブログやフェイスブックなどSNSの更新、予約メールの返信、アフターフォローやリマインドメールといったパソコン業務もあります。

家事や子どものお迎えの時間などを考慮すると、1日の時間を上手に使うことが大切になります。

不定期で必要な業務を考慮する

そのほかに、毎月必要な業務や不定期に必要な業務も、たくさんあります。

たとえば、商品や備品の仕入れ、オイルや化粧品などの消耗品を買う時間が必要になります。新メニューを考える時間、実際に体験しに行く時間などの余裕もつくっておきたいですね。

とくに、オープンしてすぐのタイミングでは、使い勝手が悪かった、必要なものが揃ってなかったなど、想定外の業務が増えやすいです。施術や接客の反省、改善なども十分できるように、1日の予約数を制限しておくと安心です。

1日の予定を時間ごとに記載できるバーチカル形式の手帳で、1日の予約人数が1名のときと2名の場合、曜日ごとなど、数パターンを実際に書き出して、スケジュールを検討していきましょう。

接客以外のさまざまな業務

おうちサロンは、施術以外にすることがたくさん。
想像している以上に時間が必要になるので、予測して行動しましょう。

サロン業務に必要なこと

- お客様をお迎えするためのセッティング・直前掃除 …… 1～2時間
- 終了後の施術ルームや玄関、洗面所、トイレなどの掃除 …… 1時間
- タオルやガウン、リネン類の洗濯 …… 干す、畳む時間も含めて1～2時間
- 施術の備品やティーセットなどの洗い物 …… 30分～1時間
- お客様の記録表の記入 …… 1名10～30分
- ブログやFacebookなどの更新 …… 1～2時間
- 予約メールの返信 …… 30分～1時間
- アフタフォローやリマインドメール …… 30分～1時間

毎月、不定期に必要なこと

- 経理、税理士との打ち合わせ
- HPの手入れ
- ふだんしないところの掃除
- 季節感を出すインテリアの入れ替え
- 季節キャンペーンの企画と告知
- カルテやポイントカードなどの印刷
- 商品や備品の仕入れ
- 気になるサロンに体験に行く
- 新しい手技や知識の勉強、研修
- チラシやパンフレットのリニューアル
- 新メニューの企画
- カーペットやエアコンのクリーニング
- 新しい備品や粧材の調査、検討
- 取引業者などとの打ち合わせ
- 経営や集客のコンサルやセミナー受講
- サロンの模様替え
- 電化製品の買い替え
- 展示会や交流会への参加

STEP 04

両立の仕方①
家事とサロン業務

おうちサロンは時間を有効活用できる

たいていのおうちサロン経営者は、サロン業務以外に家事や育児の時間確保が必要です。そのため、サロンの営業日やメニュー価格を決める前に、自分がどれだけ働けるのかをしっかり計算することが重要になってきます。とはいえ、おうちサロンは通勤などの移動時間がないため、サロン業務の合間に家事をしたり、家事の合間にサロンの用事をしたりと、時間を効率的に使うことが可能です。

ブログやフェイスブックの更新、メールの返信など、集客に欠かせないけれど、つい後まわしにしがちなことは、1日のなかでやる時間をしっかり決めておくと習慣化しやすいです。

タオルのもちをよくする方法

家事とサロン業務の両立がいちばんむずかしいのは、洗濯です。とくにオイルトリートメント系のおうちサロンの場合は、毎日お客様2名分のタオルを洗って干すと、家族の洗濯が間に合わなくなります。そのため、お客様用のタオルは多めに揃えておくと安心です。玄関やトイレ、洗面所などのマットも家族用とは別に用意しておくと、洗濯サイクルを維持しやすくなります。また、衛生的にも安心で、ヘタレにくく生活感が出にくいのでおすすめです。

洗濯機は家族用と共通でＯＫ。9～10Ｌの大容量のものが重宝しますが、家族の洗濯物とサロンの洗濯物は別々に洗いましょう。オイルのついたタオルをきれいにして、かつ、タオルのもちをよくするためには、家族用とは別の洗い方が必要だからです。天然素材を使った業務用洗剤を使ったり、洗剤の効果をよくするために重曹をプラスしたりするのもおすすめです。さらに、タオルは1枚ずつネットに入れて洗うと、糸抜けや毛玉ができにくく、もちが格段によくなります。

おうちサロンは洗濯が勝負！

おうちサロン経営者が口をそろえて大変だというのが“洗濯”。
洗濯をいかにうまくこなすかが、両立には欠かせません。

家庭とサロンの洗濯を分ける

サロン用のタオルは業務用の洗剤を使用する、重曹をプラスするなどして、汚れ落ちをよくする工夫をすると◎。

リネン類は予備を用意する

洗濯物が乾かないといった事態に備えて、タオルなどのリネン類は2～3営業日分の用意があると安心です。

タオルのもちをよくする

オイルまみれのタオルは別に洗ったり、1枚ずつネットに入れて洗うと長もち。室内干しをするとふんわり仕上がります。

干すスペースを確保しておく

お客様1名に対し、大判のタオル2枚とガウン1着を使うと考えると、それらを干すスペースも設けておきましょう。

STEP 05

両立の仕方②
セラピストと子育て

子どもがいることを理解してもらう

子育てをしながらおうちサロンをする場合、より余裕をもったスケジュール管理が必要です。サロンの営業時間などは、フレキシブルに変えていっても大丈夫。自由な働き方ができるのが、おうちサロンの魅力です。

とくに、子どもが小さいうちは〝予定通り〟がむずかしいことが多いものです。想定外の状況でもイライラせずに余裕をもって対応できる状況こそが、自分にとっても子どもにとっても、働きやすい環境といえます。あまり先の予約は受け付けない、または、日程調整が必要になる旨をあらかじめお客様にお話しして、理解を得るようにしましょう。

子育て経験は、セラピストのスキルにもとても役に立ちます。たとえ子育てによって「おうちサロン」を少しお休みすることがあっても、必ず将来にプラスになりますので不安に思わず、今いちばん大切なことを優先しましょう。

子どもを理由に値引きをしない

子どもが在宅する場合、扉にカーテンや暖簾を併用する、カーペットやクッション材を敷く、壁ぎわに収納を置くなど、子どもの声や足音の対策を行いましょう。ご予約前には、子どもがいることをお知らせします。

施術や接客を中断して子どもに対応する場合は、その程度に応じて割引やサービスを行うことは必要でしょう。しかし、子どもの声や足音がするだけで値引きなどをする必要はありません。子どもがいないサロンでも、上階や隣家から子どもの声や足音がすることはありますが、それで割引をするサロンはありません。

また、ご来店したお客様にサロンで十分に満足していただけるなら、子どもがいて営業時間が限られているからとか、予約可能日が少ないからと、メニューの価格を安くする必要もありません。

子どもがいるサロンの工夫

子どもがいるサロンは、事前にお客様へ子どもがいることを伝え、
さらに子どもの足音や声の対策をすることが大切です。

扉にカーテンや暖簾を併用
サロンに隣接する壁に収納を置く
床にカーペットやクッションを敷く

子どもがいるので割引が必要？

基本的に、子どもの声や足音がするだけで値引きなどをする必要はありません。しかし、子どもに対応するために施術や接客を中断しなければいけない場合は、その程度に応じて割引やサービスを行うことは必要です。サービスの度合いは、サロンによって違います。

Point

“サービスに見合った価格設定”を忘れない

子育てを理由に、営業時間や予約可能日が限られることがあります。しかし、お客様に十分に満足していただけるサービスを提供できていれば、価格を安くする理由にはなりません。

STEP 06

両立の仕方③

セラピストと介護

介護の悩みは一人で抱え込まない

おうちサロンを経営して、しばらくすると介護との両立も課題になってきます。年齢に応じた成長が予想できる子育てと違って、介護は先の見通しがつきにくいものです。とくに40代、50代でサロンを開業する場合、介護についても視野にいれて、サロン経営の長期プランを検討することが大切です。

女性は家族の介護の主役になることが多いですが、そのなかでも時間の融通が利きやすいおうちサロンのセラピストは大きな負担を抱えがちです。まずは一人で抱え込まずに家族や親戚、公共サービスを頼りましょう。配食サービスやコンビニの宅配、地域の訪問サービス、介護ヘルパーなどを利用することも大切。介護で必要な対応や作業をリストアップして可視化してから役割分担を相談すると、家族からの協力を得やすく、自分にしかできないことも把握しやすいです。

施設のスタッフと相談をしましょう

完全に施設に入居する状態になると、おうちサロンとの両立はしやすいですが、同居での在宅介護や別居での自宅介護の両立は、子育て期間と同じような調整が必須です。デイサービスなどを利用すると、9時過ぎから16時ごろまで施設でリハビリやレクリエーションに参加してもらえるため、サロンの営業時間をそこに絞っているところもあります。ケアマネージャーや施設のスタッフなどに対応可能な時間を伝えておくと、さまざまな配慮をしてもらえることがありますので、まずは積極的に相談してみましょう。

子育てと同様に、介護で得られる経験もセラピストのキャリアに大きなプラスになりますし、介護を通じて出会えた人脈から、新しい仕事のチャンスを得られることもあります。おうちサロンより介護を優先する期間も、前向きにとらえていきましょう。

介護の悩みは一人で抱え込まない

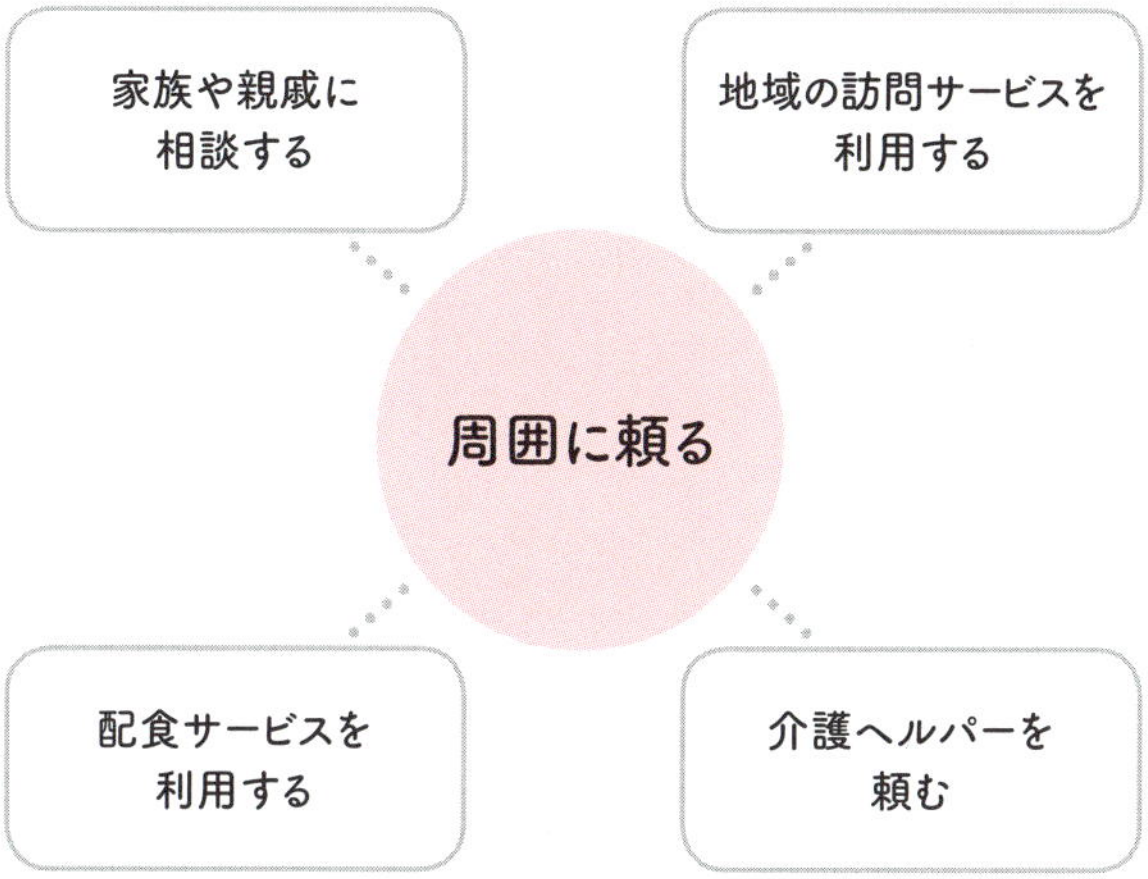

介護の悩みは、一人で抱え込みがちです。無理をせずにまわりに頼っても大丈夫、という意識をもつようにしましょう。今ではさまざまな介護サービスがあります。配食サービス、地域の訪問サービスなど、相談をしながら状況に合ったサービスを選びましょう。

介護の経験もキャリアの一つ

介護というとマイナスにとらえがちですが、そこから得る経験もセラピストのキャリアに大きなプラスになってくれます。また、介護を通じて得た人脈から新しい仕事が入る、なんてこともあります。

STEP 07

家族と自分を守るセキュリティ

むやみに情報を公開しない

おうちサロンの集客にはオープンマインドが大切ですが、経営者のセラピストはもちろん、家族の安全も確保することを怠ってはいけません。つきまとい、ストーカーなどは、ほとんどの場合がインターネット上だけの関係よりも、実際に面識がある人のほうが多いと言われていますが、用心することが大切です。

自分たちができることとして、まずはインターネット上に詳細を公開しないほうがよい情報を把握し、危険な状況をつくり出さないことが大切です。

マンション名と部屋番号などは、予約が確定してからお知らせし、家族の名前や子どもの顔写真など、特定しやすいものは公開を避けるようにしてください。

批判や言いがかりに乗らない

ブログやツイッター、フェイスブックで集客をしている場合、不特定多数がその投稿を読みます。クレームや言いがかり、不快なコメントをする人もいますが、だれかを攻撃してストレスを発散したいだけなので気にする必要はありません。それに対して、言い訳や対立する意見、批判的なことを書くと事態が悪化してしまいます。まずは冷静になり、コメントを書いてくれたことに感謝して、その意見を肯定しましょう。そのうえで必要に応じて、「今後の課題にしていきます」「もっと勉強しないといけませんね」「さまざまな意見を伺えると刺激になります」などのコメントを返信していきましょう。

インターネット上での炎上といった非難が殺到する事態になった場合でも、書き込みをしているのは、読んでいる人の1~3％程度です。年齢や生育環境、文化が違えば価値観が違っても当然のこと。批判的な意見があるのは当たり前だと思って、気にしないことが大切です。

ネット上で公開しないほうがよい情報

セラピストはオープンマインドが大切！　とはいっても、
セラピスト自身と家族の安全を守ることは必須です。

- マンション名と部屋番号
- マンションや家の外観（同じような建物が複数ある場合はOK）
- 具体的な部屋の間取り
- 家族構成
- 家族の職業と休みの日
- 生活サイクル（確実に留守の時間や曜日）
- 子どもの顔写真
- 家族の名前（とくに子ども）
- 子どもの年齢、誕生日（「先日が誕生日でした」程度ならOK）
- 子どもの塾や学校名
- 車の具体的な車種とナンバー

不快なコメントには冷静に対応を

ブログやツイッターなどでは、批判的なコメントをされるときがあります。そういう場合はイラッとした感情に任せて反論するのではなく、まずは冷静に対処することを意識しましょう。批判的な意見はあって当たり前。気にしないことが大切です。

STEP 08

家族や自分が体調不良のときは？

ネットでのお知らせが必要なとき

おうちサロンの場合、家族や自分が体調不良になると、感染の危険もあることからサロンの営業ができなくなります。日ごろからの健康管理が大切ですね。

とくに赤ちゃんや小さな子どもがいる場合は、当日になってサロンが営業できないということも頻繁にあります。あらかじめホームページに事情を掲載したり、ご予約確認の際にお伝えしておくと、お客様からの理解を得やすいでしょう。

しかし、セラピスト本人の体調不良や病状については、ブログやフェイスブックなどインターネット上に公開する必要はありません。その日に予約を入れているお客様など、予約に影響のあるお客様のみにご連絡をすれば大丈夫です。長期入院など、長期間にわたってサロンを休業する可能性が高いときのみ、ネットでお知らせします。

体調を崩しやすい時期は、無理をしない

家族や自分が体調を崩しやすい時期が予測できるなら、その期間は無理のないスケジュールを。健康管理をするだけでなく、予約の振り替えができるように予備日を多めに用意しておくと安心です。

できるだけ直前のキャンセルや日程変更は避けるべきですが、どうにもならない場合があります。スムーズにお客様にご連絡が取れるようにメール、電話番号、ショートメールなど連絡のつきやすい方法を複数確認しておきましょう。お客様には正直に状況をお伝えし、謝罪すればご理解いただけることが多いですが、その日を楽しみにされているため、残念に思われるはず。直近の振り替えの日をご提案するだけでなく、体調が回復してからのごあいさつメール、ご迷惑をかけた程度や回数によってはオプションサービスをつけるなど、感謝と謝罪の気持ちを伝えることが大切です。

もしものときのための準備

セラピストからのキャンセルや日程変更は避けたいものですが、
どうにもならない場合も。日頃から万が一に備えておきましょう。

体調を
崩しやすい時期は
無理をしない

小さい子どもが
いる場合はHPに
記載する

お客様の
連絡先を複数
確認しておく

体調回復後のメールでお伝えすること

○○さま

リラクゼーションサロン△△△の大内かおりです。
先日は、急な体調不良でご迷惑をおかけして申し訳ありません。

お休みをいただき、早めの対処がよかったため、スムーズに回復して復帰することができました。ご配慮いただきありがとうございます。

明日から、通常営業できる予定です。
もしよろしければ、来週○日の○時以降と○日の終日に空きがありますので、ご都合が合うようでしたら、○日までにぜひ、ご連絡くださいませ。

直近の振り替えをご提案

ご予約を延期してしまったことで、○○さまのお疲れも溜まってしまったと思います。
以前、すごくよいと喜んでいただいていたオプションのボディパックをサービスいたします。

サービスをつけて感謝と謝罪の気持ちを伝える

また、ほかの日程もご希望があればお知らせくださいませ。
よろしくお願いします。

STEP 09

長期休みを取るときは？

リフレッシュ期間も必要な時間

病気や入院で長期間休みを取るのは別として、プライベートの旅行や長期間の海外研修などの理由で休みを取ることに抵抗があるセラピストさんは多いようです。おうちサロンを開業してから数年間は、連休を取らなかった、という声も多く聞きます。

しかし、子どもの夏休みや家族のお盆、年末年始の休みなどに合わせてサロンの休みを取るからといって、お客様が離れることやサロンの予約が減ることはありません。

5年、10年、20年とサロンを継続して行くためには、仕事から離れる時間も大切です。ふだん、協力してくれる家族にとっては、家で営業しているという環境は、多少なりとも日常的に緊張感をもってしまうものです。自分と家族のためにも、長期休みでリフレッシュする時間をつくりましょう。

休みの報告は早めにする

長期休みを取る場合は、早めの告知が大切です。おうちサロンのお客様は、1～2か月先の予約を取られる方が多いです。可能であれば3か月前、少なくとも1か月前にはホームページやブログ、店頭掲示などでお知らせしましょう。

長期休み中も、無理のない範囲で予約メールにだけは対応できるようにすると、休み明けのサロン経営がスムーズになります。その場合も、「休み中のメールチェックは2～3日に1回くらいになります」など、通常よりも返信が遅れる旨を告知しておくと安心です。

長期休みを取って旅行に行く場合、旅行前や旅行中はインターネット上にスケジュールについて告知しないようにしましょう。「家族そろって1週間、海外旅行に行ってきます」などと事前に公開してしまうと、空き巣などの犯罪のリスクが高くなってしまいます。

リフレッシュ期間をつくろう

長期休みを取るのは不安……と思われるセラピストがいますが、お休みしたからといってお客様が急に来なくなることはありません。協力してくれる家族への感謝、自分へのごほうびとして休みを取りましょう。気持ちがリフレッシュされ、さらにがんばる活力になります。

お客様とつながりをもち続ける

病気などの場合は無理をする必要はありませんが、可能であれば、長期休み中もお客様とのつながりが途絶えないようにしたいものです。

つながりをもつためにすること

- 不定期でもブログを更新し、近況や再開予定などをご案内する。
- リピーターの人には、年賀状や時候の挨拶など、郵送やメールでご連絡をする。
- 技術を忘れないように、可能な範囲で施術の練習をする。
- HPの手入れや専門知識の勉強などをする。

STEP 10

セルフメンテナンスの時間をつくろう

セラピストの状態はお客様に伝わる

おうちサロンを開業するセラピストは、だれかの役に立ちたい、幸せになってほしい、セラピーのよさを知ってほしい、人を癒したい、などと考えている人が多いものです。

しかし、不安や心配を抱えて、心身が疲れた状態の人に「助けますよ」と声をかけられても、申し訳なくて手放しで喜べませんね。

おうちサロンを経営してたくさんのご予約をいただくためには、まずはセラピスト自身がセラピーのよさを実感する機会を多くもち、たくさんの人に支えられ、癒された状態で、幸せであることが大切です。ブログやSNSなどの文章や更新頻度から、セラピストの心身の状態が伝わるのか、不思議なことに心身の状態が整っていないと、しぜんとお客様は離れていってしまいます。キャンセルが続いたり、予約が少ないと不安になりがちですが、そんなときこそ心から楽しめることをしたり、外に出て気分を変えたり、おいしいものを食べたりして気持ちを上げていきましょう。

心と体のケアをしよう

おうちサロンの場合、セラピストは代わりがいないので、毎日のセルフケア、健康管理が欠かせません。行きつけのサロンで定期的なメンテナンスをすることも仕事の一つ。自分が提供しているセラピーを自分自身で継続的に受けてみることも、セラピストとして多くの学びを得る経験になります。

一人で経営していると限界を感じることもあります。5年以上サロンを経営しているオーナーの多くは、サロンを継続するためのマインドを強化しています。交流会や勉強会などに積極的に参加して、励ましたり、相談したり、刺激し合える仲間をもつこともモチベーションの維持や視野を広げるために必須です。

セラピスト自身が幸せでいる

セラピストの心や体の状態は、ちょっとしたことでも
お客様に伝わりやすいです。まずはセラピスト自身が幸せなことが大切です。

おいしいものを
食べて
気分を上げる

ショッピングに
出かける

行きつけの
サロンで
メンテナンスを
する

交流会で
仲間と
会話をする

趣味に
没頭する

↓

おうちサロンを続けるモチベーションになる！

ありがちな失敗はこう回避！

予想より予約が入らない

「おうちサロンをオープンしたけれど、予約が入らない……」と落ち込み、やる気をなくしてしまうセラピストもいます。

失敗例

思っていたより お客様が来なくて 落ち込んでいます。

自宅で仕事ができるおうちサロンに魅力を感じて開業しました。いざはじめてみると、友達からのクチコミも広がらず、ブログからの予約も入ってきません。集客がうまくいかないので、どうしていいのか困っています。

これでOK！

自分から情報発信しましょう！

まずは「予約がない」と落ち込む前に、きちんと集客をしているのか問いかけてみてください。「予約が全然入らなくて……」と悩んでいるセラピストにありがちなのが、集客の活動をほとんどしていないのに「お客様が来ない」と立ち止まってしまうパターンです。

おうちサロンを経営するなかで、やりがいや楽しいと感じる場面はたくさんあります。しかし、そこに至るまでには決してラクなことばかりではありません。おうちサロンはその特徴から、自ら情報を発信しなければご予約に結びつきませんし、その後もリピートしていただくためのアフターフォローが欠かせません。

「どうやって集客をしたらよいかわからない」というときは、この本のPart5、6をもう一度読んでみてください。集客のテクニックは一つではありません。自分のサロンに合った方法を見つけ、試してみてください。

Column 9

ありがちな失敗はこう回避！

不安や悩みばかり抱えてしまう

おうちサロンは一人で決めることが多く、不安も増えがち。
もっと自由に、自分が楽しく経営できる道を探しましょう。

失敗例

悩みや不安が多くて疲れてきました……。

サロンが少しずつ軌道に乗り、予約も増えて忙しくなりましたが、実際に残る収入は驚くほど少ないです。SNSなどで成功している人とくらべて落ち込むことも多く、なんだか疲れてしまいました。

これでOK！

一度立ち止まり、自分を見つめ直しましょう。

家族やまわりの協力があるとはいえ、おうちサロンの経営自体は自分一人であることが多いです。そのため、「こんなときどうしたらよいのだろう」「これでよいのかな」と悩んだり、不安になったりすることがあるでしょう。

とくに、まわりとくらべて「がんばっているのに売り上げが伸びない」と落ち込むときがあるかもしれません。もし、集客ができているのに、収入が少なすぎる場合は、価格設定や割引サービスなどの見直しが必要であることも。不安や不満を抱えた状態でサロンを経営することは、お客様にとっても、セラピストにとっても、嬉しい状態ではありません。

売り上げを伸ばすことは大切ですが、おうちサロンを開業した裏側にはそれぞれ目的があるはず。おうちサロンを楽しんで経営できているか、一度立ち止まって見つめ直してみましょう。

おわりに

この本は、おうちサロンを開業するためだけの本ではありません。
おうちサロンを開業して少なくとも10年、できれば高齢で引退するその日まで、サロンを続けるための情報を盛り込んだつもりです。

おうちサロンを経営していると、日々、一人で決断することばかりです。調べても、相談してもわからないこと、正しい答え自体がないことも多いです。

私は、サロン開業&集客のコンサルタントですが、現役12年目のおうちサロンセラピストでもあるので、サロンオーナーさんが感じる不安は、心の底から共感できます。なにしろ、私自身も「次回のご予約はいかがですか？」が言えないセラピストでした。

「言えないけど、次回の予約はほしい。どうしたら予約が取れるの？」

私が開業したころには、ノウハウ本もセミナーも、相談するところもなくて、試行錯誤の毎日でした。

サロン開業と同時に2か月先まで予約満了にし、11年間満員御礼の実績がありますが、その影には、すごく不安でたくさん悩み、迷った経験があります。私にご相談にいらっしゃる多くのサロンオーナーさん達も同じです。

この本は、私を含め、先輩サロンオーナーがトライアンドエラーを繰り返すことで得られた、貴重な成功体験の宝庫です。サロン開業の準備、サロン経営や集客に迷ったとき、困ったときは、ぜひ、この本をもう一度読んでみてくださいね。

サロンが大好きで、「素敵なサロンがもっと増えてほしい」「素晴らしいサロンをもっと多くの人に知ってもらいたい」という想いで、コンサルを続けてきました。この本によって、おうちサロンを開業する人が増えて、さらに多くの人にサロンのよさを知ってもらうお手伝いができれば幸せです。

磯部　百香

著者紹介

磯部百香（いそべ・ももか）

ロングコース専門アロマセラピーサロン「フルムーンライツ」主宰。IFA認定アロマセラピスト。品川区＆経済産業省の創業支援機関サロン開業・Web集客アドバイザー。2005年におうちサロンを開業し、温かみのある雰囲気とていねいな施術によって人気サロンとなる。セラピストとして活動しながら、「サロン経営で楽しい毎日」をテーマに、サロンオーナーや開業希望者向けにセミナーや集客・経営のコンサルを行っている。

【 HP 】フルムーンライツ　http://salonsupport.info
【Blog】アロマサロンってこんなに楽しい！！　http://fullmoonli.exblog.jp

スタッフ紹介

デザイン	フレーズ（川内栄子、梅井靖子）
DTP	フレーズ（江部憲子）
執筆協力	久保田説子（株式会社これから）、高島直子
イラスト	やのひろこ
撮影	目黒-MEGURO.8、依田佳子
校正	大道寺ちはる
編集協力	株式会社スリーシーズン（大友美雪、川村真央）
編集担当	梅津愛美（ナツメ出版企画株式会社）

好《す》きを仕《し》事《ごと》にして長《なが》く愛《あい》される！
おうちサロンのはじめ方《かた》

2017年 5 月 8 日　初版発行

著　者　　磯《いそ》部《べ》百《もも》香《か》

発行者　　田村正隆

発行所　　株式会社ナツメ社
東京都千代田区神田神保町1－52　ナツメ社ビル1F（〒101-0051）
電話 03-3291-1257（代表）　FAX 03-3291-5761
振替 00130-1-58661

制　作　　ナツメ出版企画株式会社
東京都千代田区神田神保町1－52　ナツメ社ビル3F（〒101-0051）
電話 03-3295-3921（代表）

印刷所　　図書印刷株式会社

ISBN978-4-8163-6219-4　　Printed in Japan